どんでん返しを前にして

種人

Tanebito

たねびと

著＝吉内千枝子

明窓出版

これは、誰が写したのでしょうか？

とてつもなく大きな「神の手」として、写メールで日本中の人たちの間を駆け巡ったことはご存知でしたか？　分かっていたのは、場所が宮古島ということだけでした。

私には北海道の友人から届きました。私は、仕事の関わりで宮古島へ入っていたものですから、この風景は宮古島ということは分かっておりました。

写メールが届いて間もなくのことです。ふと私の事務所の机の中に何やら二枚の原稿があるのが目にとまったのです。私は、数年前、宮古島の古い龍神様（地球上の海を守る神様）からメッセージを頂いていながら、すっかり忘れていたことを思い出しました。その文章が机の中からひょっこり出てきたのでございます。この「神の手」に関する秘密の部分のベールに隠れた真実を何年も前に私が受け取っていたことにびっくり仰天したのでございます。まさかこのような神様のメッセージを私が頂いていたとは本当に驚きました。

最後にとても重大なメッセージが書かれていました。

このメッセージは、S先生（本文中いたるところに、S先生のことを書きましたが、まだご存知でない方は、本文の中でどのような方かをお解り下さい）が娘さん二人を連れてオーストラリアへ旅立たれる時、オーストラリア在住の私の娘に会って下さるということで、急ぎ関西空港にお見送りに行きました。

その出発前の少ない時間に神官Eさん（この方についても本文中にご紹介しております）の口か

ら、宮古島の海の龍神様からのメッセージをいただき、その「神の手」の重大な警告を受け取っていたのでございます。

その時（五年前）にこんなメッセージをいただいておりましたこともすっかり忘れていたのでございます。どうぞ、しっかりお読み下さい。

※筆者注＝次に、オーストラリア旅行前に、関西空港にていただいたメッセージを掲載しますが、このメッセージは、神官Eさんに降霊された神様が、Eさんの口を通してお話しになったもので、その時々に録音したテープより再生しております。以下、本書での神様、龍神様などからのメッセージは同様に再生しています。

宮古の水の神（太古の神）関西空港にて　平成十四年三月二十八日

宮古の海に、大きな光と共に、海の神々に、大いなる和らぎの言葉と、温かなまことなる愛の心を、そして大いなる親神様の光を戴き、有り難うございました。太古の海を守ることを命ぜられました龍神にございます。本日はまた、我らの仲間にございます海を守る神々がお迎えに上がっております。

南の島、日本国のひとつの形にも似たオーストラリアという国は、これから皆様方の思いを受けて大きな大きな変革の時を迎えようとしている時にございます。まずは素晴らしい海に、我が神々の集合を念じておりますゆえ、私も共に参ります。どうか親神様のあの素晴らしい御光をオーストラリアの海の神々に、温かな言葉を、光をお与えいただきとう存じます。

まずは海の浄化は日本国の四国という国でございましょうか。四国という国の周りに、海を守る神々を従えている神様がおります。文字で〝険しい山〟と書くのでございましょうか。その山の神々様が、あなた様がオーストラリアの国からお戻りになられました時を、お待ちになっていらっしゃる様子です。

そしてオーストラリアにも、山と海と共に調和を保つ為の神様がおります。このたびはその山の神様も下りたって参りますゆえ、宮古の私が数名の龍宮の龍神様をお連れ申しあげ、共に祈りの場に立ち会うことにいたします。海の神が宮古の地から、そしてオーストラリアの地へと、そしてまた日本国に戻り、四国の地にてお祈りをしていただきますと、次なる海の神々様が日本の国にお声をかけて下さる様子にございます。そして次から次へとお声をかけ、鎖をつなぐ能力を持っております。

イルカと対話できるようになる魂は、神の力をいただき、神の力を顕現する力を持っています。そしてそのイルカからのメッセージを受けることができるオーストラリアの女性をひとり、お造りにならなければなりません。それは、神との交信ができる人、ということに他なりません。

この度、オーストラリアに行きます時、どうぞそのお考えを持ってお伝え下さいますよう、お願い申し上げます。

地球という星は、守り役の人の手によって存続していくものではございますが、これから先、守り役としての人の手が逆の方向へ地球を導くといたしましたなら、それは生存を許すわけには参りません。S氏の全国を歩く道すがら、思いをつなぐことのできる人々、そして思いを地球への為に働くことのできる人々を、ごくごく僅か、この神の手の中に生きることを許されるでしょう。

この大きな手は神の手にございます。

こんな重大なメッセージを預かっておりましたのに、今日まで発表せずに来てしまいました。平成十九年の夏に写メールで日本中騒ぎになり、テレビ局でも取り上げ、世界中で問題化されました。これは宮古島の海の龍神様が早くから警告をされていたのだと思います。もう少し早く発表をしておりましたら、そして皆様が神様の存在を理解しておりましたら、こんな大変な地球になっていなかったのでは……、と私の責任の重さをただお許し下さいと宮古島の海の龍神様に謝るのみにございます。

はじめに

なぜ題名を「種人」としたのか。

この本の題名ははじめは他の題名だったのです。原稿もでき上がり、いよいよ終盤となりましてどうしてもその題では気になりましてしっくりと行かずに考えておりました。

平成二十三年八月二十六日の朝ふと「種人」に書き換えるのだと思い立ち、机に向かい紙に「種人」と書いてみましたら、とても強烈ですが、これくらいの題にしないと世間の皆様に訴えることができぬと思ったのでございます。

大きな字で「種人」と書いてそのまま原稿を見返す為に始めのページより読み返しておりましたら、あるページを開いた時に突然に生きている毛虫の姿が現れたのでございます（写真の、金色をした2センチくらいの可愛い毛虫さんです）。

ページをめくったところに立体の毛虫の姿を想像して下さい。そのページはよく見ると豊玉姫様から頂いておりました「種人」という題のまさにそのページだったのでございます。

それは豊玉姫様が「種人」にするんですよ、多くの人たちに見せるんですよとお知らせ下さったのでした。

それでもまだ発表が遅れている私に、またまたどうしても発表を決断させることがありました。平成二十四年五月二十一日、あの今世紀最大の金環日食の日に熱田神宮に行くことをセッティングされたのです。熱田神宮を訪ねますのは初めてのことでございます。境内を静かに散策していましたら突然風が止まり、小鳥が一斉に鳴き出し、おまけに一番鶏のけたたましいコケコッコーという声に足を止めましたら、なんとそこは大きな古木の前で、白蛇さんが卵を食べに来る所だそうで……、そこへ係のおじさんが卵を三個持ってきて目の前のカゴの中に入れていきました。三人の友人の前に卵三個、私はこれは神様の通信であることがわかりましたので、そこの場所で古木に対し、また白蛇さんに対してのりとをあげさせていただきました。

さて、次の日から大変なことが起きました。横浜へ帰りまして次の朝、近くにあります氏神様へ前日のことを報告にあがりましたところ、境内の台座の上に卵が一個あるのです。前日の卵と続いてのことですので何か意味はあると思い手に乗せてみましたら、なんと本物の卵ではなく大理石を卵型に削った置物でした。何か意味を感じて我が家に持ち帰り、神の座に飾っておいたのです。しかしそれからが大変でした。主人が熱を出し、私はあの二十年前の入退院を繰り返していた時の胃の症状に変わったのでございます。すぐお宮に返してみたのですがいっこうに変わらずひどくなるばかり……。きっと神様が何か?……と思い、北海道におられる幻覚治療の方に急いでお電話をさせていただいて初めて解ったのでございます。いつまでも本を出さない私への神様からの通信であることが……。

「急ぎこの本を出しなさい」との最後の御言葉でございました。

なんと申し訳のないことを……私一人のわがままでこんなに遅くなりましたこと、どうぞどうぞお許し下さいませ。

早速、出版社に連絡をして今日の運びとなりました。

決断をしましたらとたんに主人も私も身体はすぐに元通りになったのでございます。

ですからこの御本は大変意味の深い御本、多くの方々が幸せになる為の、神様のご計画の御本だと思います。

2011/08/26

種人～どんでん返しを前にして◎目　次◎

私のお勤めのはじまり……………116

神に出逢うきっかけ

それは今から三十年ぐらい前だったでしょうか。突然、病というものが私を襲ってきました。その病が期となり、私の人生のすべてが変わって行きました。この事実は日本人のすべての人に知っていただきたい、いや世界中の人に、知っていただきたいと思います。

私は、昭和十二年六月二十六日、北海道夕張市という所で、鉄道員の父の元に産まれました。

二十三歳頃、私は北海道釧路市に住んでおりました。当時、釧路市は製紙工場の建設ラッシュであり、製紙工場の釧路支店にアルバイトとして働いておりました。そこへ鹿児島県生まれの彼が転勤してまいりました。二十五歳で結婚、長男の生後二カ月を待って、神奈川県川崎市に転勤してまいりました。男の子二人と女の子ひとりの三人の子供に恵まれました。

その後、私どもは川崎の市営住宅に住まうことができ、有難く生活をしておりましたが、子供が大きく成長するにつけ、狭いということから当然もう少し広いところに住めたらと思うようになったのでございます。そして一軒家に……と、夢のようなことを考えるようになっていったのでございます。そんなことから、いつも新聞で不動産情報をくまなく見るようになっておりました。そんな願いもあって、三十七才の時に新聞広告で土地を見つけました。ところがその土地を購入したとたん突然病におかされました。

しかし、それが大きな転機となりました。病気になったことで、不思議なことに、宇宙の奥の最奥の、そのまた奥の中心より出される、光か意志か目には見えないが、確かに確実にあるその中心の一点が見えてきたのでございます。

このことによって、地球に生かされている人々のすべては、宇宙のこの一点より直接自分自身の心の中心へ繋がっており、それが理解できるとすべての人が、人生の最大の幸せを手につかむことができるということを知らされました。

これから私の遭遇してきた体験を元に、厳かに辿ってみようと思い立ったのでございます。

こんな私の七十余年の生涯の中で、最大最高の出来事は、S先生との出会いです。S先生については、『目覚め』（明窓出版）をはじめ、十三冊出版されています。しかし、S先生ご自身が書かれたものは一冊もありません。〝S先生との出会い〟という至福を与えられた人が、そのS先生の奇蹟を書かれているのです。先生がなぜ神と出逢われたかは、それらの著作を読んで下さるとお分かりになると思います。

では、私が今さら何を書かせていただくのか、そう思われるかもしれませんが、私のS先生との出会い前と後を包み隠さず書くことで、S先生がどのような方で、どのようなお役目を持って、何を教えようとされているのか、そして世界はどうなるのか、そういった点を私の目で見、感じたことを書くことにしようと思ったのです。個人的には自分の子供の為、孫の為にも残しておきたい、そうも思い、S先生にご相談申し上げました。S先生は、「普通の人が何で目に見えない世界が解ったのか、その入り口が解ると良いね……」と言って下さいました。「あっそうか、私もあの病気になるまでは何も解らず、〃神は構うな、仏ほっとけ〃と思っていたんだ。その私が病気をきっかけにいろんな体験をし、S先生にご縁を頂いて、今、どうにか天の理も理解しつつあるという過程として、書くという役割を持たされているのだ」と考えました。

あなたの後ろにおられるご先祖様、またその上におられる日本の神々様、また地球の神々様、宇宙の神々様、その宇宙大元の創造の神様から発する一本の糸の行き着く所は自分の心の中心にあるということを、真剣に書いてみようと心に決めました。

そして何度も何度も出版を思い立ちはしたものの、種々の事情で立ち消えになってしまいました。しかし、なぜ今回思い切ることができ、また出版を急いだかと申しますと、それはあの東北の災害、そして次々と続いて起こるだろう地球の浄化の為の色々なこと、そしてこの日本の中に種人として残されるかどうか、その最も大事なことを発表しなければ、そう思ったからです。そして全ての事実をもって発表いたしますことは、この私に起こっている神様から頂戴する真実であるからです。ですから、急ぎ発表しなければ、と思ったのです。でも、またまた出版が遅れましたこと、神々様どうぞお許し下さいさせ。今度はしっかり決断できましたので多くの日本人たちに読んで、また見ていただけます。

原因不明の病気

ある朝、ふと見た不動産情報に、私の目が止まりました。それは今から三十年前、私が四十三歳くらいの時だったと思います。

『一〇三坪、一千万円。T駅より三〇〇メートル』、そこは当時私の住んでいた家から一キロしか離れていない場所で、私にはすぐ想像することができました。駅から三〇〇メートル。しかも見晴らしの良い高台。私の好きな高台……そう思った途端、車の鍵を手に立ち上がっていました。

私が惹かれたその場所は、六〇〇本ほどの桜に囲まれた駅のホームの真上にあり、山の緑に囲まれた静かな高台でした。

はやる気持ちを抑えながら主人の帰りを待ち、夜、食事もそこそこに、興奮しながら話をする私に、主人はすぐにストップをかけました。

なぜなら、その場所は、川崎市の霊園『T墓地』だったからです。しかも、その場所に向かう道は、火葬場へ向かう道そのものだったのです。しかも火葬場の煙が空から降ってくる場所。知らないというのはおそろしいことです。

主人の故郷は鹿児島です。「昔から、神社前は家を建ててもよいが、墓地の周りは決して住んではいけない所だ」というのが主人の言い分です。

しかし一方、私の生まれは、北海道です。大自然に囲まれ、伝統に縛られることも少なく、どちらかといえば、開放的な思想の中で育ちました。

そんな私に、主人を理解することなどできるはずもなく、ただただ、その日目にした場所がいかに素晴らしかったかを力説するばかりでした。

めったに怒ることのない主人ですが、この時ばかりは激怒し、手を上げることさえしました。それでも諦めない私に、主人の怒りはますます激しくなり、私の兄へ電話をかけ、私を北海道に帰すので、引き取るように言い出す始末。兄弟までも巻き込んでの大騒動になってしまったのです。

そんな状況の中でも、私はあの高台の場所が忘れられず、主人に頼ることなく、自分で働いて土地の購入代金を返済することまで考え、結局主人を押し切ってしまいました。

渋る主人を説き伏せ、北海道へ強制送還されることもなく、念願の契約となりました。

そして、遂にあの高台の場所を自分のものにする為のサインをしたその後です。私は体に変化を覚え驚きました。あれほど元気だった体が、急に体調を崩し、日々悪化していったのです。まず、手が震えだし、心臓に動悸を覚え、しまいには歩くことさえもままならなくなってしまいました。家の近くにあった、大学病院の婦人科にお世話になり、すぐに手術をということになりました。まず卵巣を摘出、そして子宮も摘出しました。しかし手術を終えても胸の動悸は治まらず、また検査の日々です。そしてバセドウ病と診断され、病院へ通う毎日となりました。それでもはっきりしない自分の体を、どうしていいか悩みに悩んでいました。そんな時です。ある方との出会いが、私を救ってくれたのです。

川崎市北部に住んでいた私の友人に体の不調について相談をしてみたところ、「Kさんに相談してみたら」と私をKさんに紹介してくれました。

その頃から私は目に見えない、しかし確実に、ある世界へと導かれていったように思います。

Kさんは、世間一般には霊能力者と言われる、普通の人には目に見えないものが見える方でして、年齢は当時五十才ぐらいでいらしたでしょうか。Kさんは私がお会いする少し前に、突然見えないはずのものが見えたり、聞こえないはずのものが聞こえたりするようになったそうです。Kさんは、人助けの為に生まれてきたのだと、心から使命感を持ち生活されているように思われました。今までそういう方とお目にかかったことのない私には、とても新鮮に思えました。そんなKさんでしたから、その言葉を正しい声として信じられたのです。

亡き父からのメッセージ

ある日、Kさんから電話がかかってきました。

「おじいさんが会いたがっている」というのです。どんなおじいさんか尋ねてみましたが、Kさんの返事もあいまいで、「誰かよくわからないが、とにかく来てみて下さい」とおっしゃるので、お訪ねすることにしました。おじいさんという言葉でしたから、とにかく主人の父、私の父、主人の祖父の写真を持って行き、Kさんに見せたところ、「ああこの人この人」とおっしゃって、私の父親の写真を指さしました。会いたがっているのは私の父であることが分かりました。

とはいいましても、父がなぜ会いたがっているのかわかりません。それを伺ってみますと、「その土地には住むな。住めば家族全員がだめになる、と言っている」というのです。私の父は亡くなる前に一度だけその土地を見に行ったことがありました。では、どうしたらよいのか尋ねてみますと、「東の方向にお前の友人が住んでいる。その近くに同じような高台の土地があるので、そこと今の土地と交換してもらいなさい」とのことでした。

当然のことながらKさんはそのおじいさんが誰なのかを知らなかったのですから、父親がその土地を見に行ったことはもちろん、私がその土地を買ったこと、また近所の東の方向に私の友人がいることなど知っているはずはありません。

なんて不思議な話でしょう。それまで普通に生活してきた私にとって、なんとも不思議な話でした。それでもKさんを信じ、その日から私の土地探しが始まりました。

幸い友人はたくさんおりましたので、あちらこちらに電話をいれては事情を話し、情報を集めました。そんなある日、「これかしら」と思える一件がありました。早速、見に行きましたが、その土地は高台ではありませんでした。そこで、Kさんに話してみたところ、「あなたのお父さんはその土地ではない。もう少し東の方へ、と言っている」との返事でした。

家に帰り、地図をだし、母の使っていた三尺ものさしをのせてみました。「もう少し東……。そうえば……」と、高台のマンションに住んでいる友人を思い出しました。すぐに電話をしてみたところ、「近くに一〇〇坪ほどの造成地がある」とのことでした。すぐ主人に連絡をし、一緒に見に行きました。今度は見事な高台でした。その夜Kさんに連絡をしましたら、「そこだ、と言っています」と言われました。自分たちはどうしたらよいか尋ねてみますと「今月いっぱいに不動産から連絡があるから待つように、と言っています」と話されました。どこの不動産屋から連絡が来るのか分かりません。思い当たる不動産屋はありませんでした。

まさに狐につままれたような気持ちでした。

忘れもしない五月二十八日の朝、我が家の電話が鳴りました。「もしもし、駅前の不動産屋ですが、土地をお探しでしたよね。まだお決まりではないですか?」私の方は色々な方にお願いしすぎてすっかりその不動産屋さんのことは忘れていました。「ほらこの前、東の方に物件はないかと、訪ねていらしたでしょう。その時電話番号を聞いていましたからね」と、その不動産屋さんは一件の物件を紹介してくれました。なんとその土地が私たちが先に見に行っていた土地と同じ場所だったのです。

不動産屋さんは「あの土地は自分の友達が造成をしてまだほかの業者には情報は出してないはず。どうして奥さん知っているのですか?」と不思議がります。

私は返事に困ってしまいました。まさか天国の父が知らせてくれたとは言えませんでしたから。

その時、他の人から電話が入った様子で「ではまた後ほど、知らせますね」と電話を切られたのですが、それきり電話がくることはありませんでした。結局、今の時代、土地と土地とを交換することはできず、その土地を売ることもできなかった為に、その話はそのままになってしまいました。

Kさんがおっしゃるには私の父は心配のあまり知らせてくれたとのこと。私が無理をして購入した土地によって病気になり、その後、何もできないまま九年間放置することになってしまいました。

この不思議な体験は、目には見えない世界の存在を初めて感じた、私の人生の中での大切な一コマでした。そして私はKさんとの出会いによって今まで気付かずにいた世界をどんどん知らされていくことになりました。

絵から色が？

その頃の私は宝石を扱う仕事をしていました。宝石の運び屋さんでAさんという男性がいました。当時四十五才くらいだったでしょうか。ある朝早く、ヨレヨレの古新聞に包まれた四角い荷物を抱え、私の家を訪ねてきました。

その荷物は触れるのもためらわれるような何か寒々しい気配を漂わせていたのですが、恐る恐る開けてみますと、中からいかにも古ぼけた一枚の絵が出てきました。その絵は遠くに山の頂を見せて左右に森を従え、手前には白樺を中心に池がある風景のもので、なんとなく暗く、明るい色は一色も無く、じっと見ていると頭が痛くなってくるようなものでした。

現在の我が家の居間にあります。明るく光かがやいています。

Aさんは私に「この絵の査定をお願いしたい」と言いました。彼によればこの絵を描いたのは文部大臣賞を受賞したことのある岩苔栄次郎という画家で、相場の半額でいいから買って貰いたい、ということです。そんなことを話していると近くに住む友人がたまたま遊びに来ました。彼女は目には見えないものを感じる人です。彼女と二人で絵を見ていると二人同時に頭が痛くなり、彼女は「この絵は買ってはだめよ」と言って帰っていきました。

私はすぐKさんに電話をしました。するとKさんは「あなたは来月高野山へお参りの旅があるでしょう。この絵は高野山で供養して欲しくてあなたの所に行ったのです」とおっしゃいました。そこで私はAさんにどうしてこの絵が我が家へくることになったかを詳しく聞いてみました。彼が言うには、ある女性に二千万円ほどの宝石を持ち逃げされ困っていた所、通りがかった質屋で偶然その宝石をみつけ、それを流されないようにする為、毎月利息を届けにその質屋に通っていましたが、あまりに利息が高いので、少し安くして欲しいと店主に頼んでみました。すると店主は、「利息は安くできないが向こうの倉庫であなたの欲しい金目の物があったら上げるよ」といったそうです。その時目に止まったのがこの絵だったということでした。文部大臣賞を受賞しているので、さぞ高く売れるだろうと思い、私の所へ持ってきたのだそうです。

それから絵を持って高野山に行き、供養をお願いしてきました。そうして帰ってきましてから不思議なことが起こり始めました。暗く寒々しいばかりのその絵から、オレンジ、緑、と日に日に色が現れてくるではありませんか。日々変化していく絵の様子を子供たちの記憶に留めようと、学校から帰ってくる度に「ほらよく見て！　絵の色が変わったでしょう」と見せていたのですが、当の子供たちは全く記憶にないようです。

さて何日ほど経ったでしょうか、最終的に色々な色が現れ、秋の紅葉の絵に変化していきました。ある日我が家へKさんが来て下さいました。近所のみなさんと話をしていただくのですが、Kさんが「真正面にかかっているあの絵がまぶしくて仕方がないのですが」と言われました。私は驚いて、「あの絵ですよ、先日お電話でお伺いしましたら、高野山で供養してきなさいと教えていただいた絵です」と申しました。するとまたまた不思議なことに、Kさんは絵に近づいていき、絵の中の白いひげのおじいさんと会話を始めたではないですか。

「絵の中のおじいさんは、縁もゆかり吉内千枝子さんに高野山へお参りして頂いたお陰で、大変明るいところへ上がることができました。これからはこの家をお守りします。本当にありがとうとおっしゃっています」と言われました。

もちろんその絵は今でも我が家の居間に飾ってあります。絵の中の山の頂はますます気高い光の山となり、森の紅葉のオレンジは鮮やかさを増し、白樺を映す水面は光り輝き、初めて目にした時とは全く姿を変えた素晴らしい絵となったのです。

天国と地獄

ある時、Kさんが我が家に来て下さるというので近所の友人を四人ほど集めました。その中に、私が直接声をかけたわけではなく、声をかけた人にたまたまついてきたというYさんがいました。Yさんは、長い間近くの大学病院で精神科にかかっていました。Yさんの話によると駅のホームに立ち、ホームに電車が入ってくるのを見ると、その電車に引きずり込まれるような心持になり、自分で自分に冷静になるように語りかけ、駅の壁や手すりにつかまっていなければならなくなるそうです。そうなる理由が自分自身でもわからず、病院へと通っていたのでした。しかし病院では、病気ではないと言われ栄養剤を処方されるばかりで、とても苦しい毎日を送っていらしたのです。

後で考えましたらこの日は、他でもないYさんの為の一日だったようです。KさんはYさんに

「あなたには弟さんがおられましたね」と尋ねられました。Yさんは「はい。……駅で線路に誤って落ち、亡くなりました」と、答えました。それを聞かれたKさんは「あなたの弟さんは事故で落ちたのではなく、自分自身の意思で自殺をされたのです。その為苦しくて苦しくて、お姉さんであるあなたに呼びかけているのです」とおっしゃいました。Yさんは驚きのあまり泣き出してしまいました。弟さんは「お姉ちゃん助けて、苦しいから助けて」といつも訴えていたのだそうです。三途の川もあったけれど渡ることが大変で、今は真っ暗なところにいるそうで、ただただ助けを望んで、高野山へお願いして欲しいと訴えています、とKさんはお話して下さいました。

自殺をした魂というのは、亡くなってからそんなにも暗いところでそんなにも苦しまなければならないのだと、教えられた日でした。

Yさんはその日のうちに高野山に連絡をし、弟さんのことをお願いしました。そしてすぐ供養をしていただく為のお金を送ったのです。まだそのお金が高野山へ届いていないはずのその日の夕方、Kさんから「弟さんよりメッセージをお預かりしました」とご連絡をいただきました。「遠くにかすかな小さい明かりが見えてきました。僕はあの明かりを道しるべに真っ直ぐ進んでいきます。お姉ちゃんによろしく伝えて下さい。そして縁もゆかり吉内千枝子さんにもお礼を言って下さい」とのことでした。

人間が死んだ後に経験する《苦》とはどんなものなのでしょうか。いつもそう思案していた私ですが、真っ暗なかすかな光さえない場所が確かにあるのだということが分かった出来事でした。

皆さんは、真っ暗闇がどんなものかご存知でしょうか？　お寺の地下に真っ暗な地獄の様子を造ってある場所があります。例えば信州長野の善光寺の地下にあります。あの地下の暗闇を一度体験されることをお勧めします。真っ暗な場所がいかに不安であるか、一寸先さえ見えないことがどんなに辛いことか、が体験できます。壁を伝ってゆっくり進むのですが、あの恐怖感はなんとも言えないものです。

真っ暗で周りも見えない場所で、人は自分の心を反省させられるのでしょう。今多くの人が自分で自分の命を絶つという悲しい最後を選んでいます。この時の弟さんのようにこの世とは比べようもない苦しみがあるのだと知っていただきたいですね。そんな時、ほんのかすかなローソクの明かりのようなものでも、大きな希望の光として目に映ってくるのです。正に地獄に仏の心境です。暗闇の恐怖の後の暖かいかすかな明かりに人の心は震えるのです。Yさんの弟さんが見た明かりもこのようなものだったのかもしれません。

その後、S先生という方と再びお会いしたのですが、S先生は人間として神様から頂いた命は一番尊いものであり、その大切な命を自分自身で断つということはこれ以上の重い罪はないと言われています。

それ以来Yさんの病院通いは必要ないものとなりました。弟さんもお姉さんも救われたのです。

七月二日の命日　母よりメッセージ届く

ある日、またKさんより電話がありました。「七月二日が命日の者、と言ってくるのだけど……」とのこと。「どなたでしょう?」というKさんの言葉に、「七月二日、七月二日……」と仏壇の前に座り調べてみましたら、七月二日は主人の母の命日でした。その母からメッセージが届いたようです。

「千枝子さんが高野山へお参りをして下さっているので、とても感謝をしています。こちらではあの高野山にお参りをして頂けるというのは大変なことなのです。歩いていると人が近づいてきて言われるのです。うらやましい、うらやましいと。皆さんに言われるのです、うらやましい、うらやましい……と。ありがとう、ありがとう」

このメッセージをはじめとして、主人の母とは何度も何度も現在でも交信をいたしておりますが、その件につきましてはまた後ほど触れることにいたします。

私は、人は皆このような体験をしているのだと思っていたのですが、最近になってそのような人はごく少数なのだということが解り、私が三十五、六歳の頃からでしょうか、死んだ後の世界は、生きている時の自分の生き方に左右されるのだということ、そして、死んだ後の方が生きているときより重要なのだということがわかってきました。

これまで多くの霊能者という方々との出会いがありました。本当に向こうの世界の声を正しく伝えて下さっているのかどうかは、目に見えない世界ですので私には解りません。ただし私の体験からいたしますと、その方（霊能者）の生活態度、純粋度、人間性、正義感などが素晴らしく、特に山から湧き出す水のように汚れなく、純粋でにごりなき心、その透明な心の状態の時、人間は天からの声を正しく伝えることができるのだと判断いたします。その人の心の状態が悪い時は私の方で判断する目を持っていなければ……といつもいつも思っているのです。ですから、そういう人はとても気の毒な人達だと思うのです。なぜなら天《自然》から、世の為人の為と役割をいただきこの世に誕生するわけですが、現在の世の中で純粋な正義をまっとうすることはあまりにも難しいということが解るだけに、とても気の毒に思えてしまうのです。

そのように天から頂いた心も、どんなに強い心でいても、周りの人たちが悪い方へ誘導していきます。最初は純粋な思いでいますから、正しい言葉で導いて下さいます。助けていただいた方は、感謝感謝の気持ちでお礼を致します。お金でも品物でも。人間というのはおかしなもので、少し豊かになると少しずつ心が純粋でなくなっていくようです。心の中では色々と葛藤もあることでしょう。けれどやはり人間です。現在の生活に負けていくのです。そんな人を何人も見てきました。

Kさんと出会う前、Hさんという女性の霊能者の方と高野山のお寺のツアーで出会いをいただきました。観音様のようなふくよかで綺麗なお顔の方で、どんな悩み事にも的確なアドバイスをして下さる方でした。私もお会いするのをとても楽しみにしていたのですが、ある時私にお金の相談を持ちかけてきました。どんな理由だったのかは忘れてしまいましたが、当時のお金で四十万円ぐらいだったように記憶しています。お金を渡した後、Hさんの様子が少しずつ変わってきました。金のブレスレットをしていたり、キラキラした洋服を着ていたり、生活態度がはっきりと変わっていったのです。

ある時、Hさんの口から、お金に執着するあまり落ちる地獄について、どれだけ苦しい目にあうか、戒めの言葉を聞く機会がありました。それは心臓を刃物で何度も何度も突き刺されても死ぬことのできない苦しみであるという言葉を聞いた時、これは彼女自身のことを彼女の口から言わされるという姿を見せられているのだと思いました。そして、気の毒にこれもお世話になった我々のせいだとも反省しています。厳しいことでも本人の為を思えば言ってあげるのが正しいことなのでしょうが、ついつい自分を良く見て欲しくて、耳ざわりの良い言葉を口にしてしまう、そんな我々の「我の心」がこんなに純粋な方を悪くしていくのだ、本当に申し訳ないことをした、と心から謝りました。当然その四十万円は返ってこなかったわけですが、このような体験をしたことから私は、霊能者の方々を気の毒に思うようになったのです。

こんなふうに、私はなぜか霊感のある方とよく出会います。その人たちは、多くの人を助けてあげることができ、見えないものが見えたりすると、自分には特殊な力があり、自分の存在が何か特別なもののように得意になってしまいがちです。私はそんな気の毒な人たちに言ってあげるのです。「とんでもないですよ。普通の人であることがどんなに幸せであることか。特殊な力だなどと思わない方がいいですよ。自分の人生を狂わせてしまうだけです。普通の人だと思いなさい……」と。

あの頃大変お世話になったKさんは、四十歳のころより突然霊感を与えられ、純粋に正義の為に心を正しておられました。私はKさんのお陰で色々なことを体験し、色々なことを伝えていただきました。神が私を気付かせる為に差し向けて下さった最初の人であったように思います。今はどうしていらっしゃるでしょうか。この世の厳しい中を、誘惑に負けず、変わらず人を助ける側でいて下さることを願っております。

永住の地決定！　その日の涙　平成元年（五一才の時）

例の川崎の墓地近くにある高台の土地は、結局九年間手をつけることができずにいました。役所の造成許可が出なかったり、そのほかにも色々なことが重なり、そろそろ売りに出せれば、と考えていた時、横浜に住んでいる友人から連絡がありました。以前「よい土地があったら」と頼んでおいた友人です。「二ヶ所土地があるので見に来ないか?」ということでした。早速、わがポンコツ車で出かけていきました。

ところが、途中不思議な体験をしたのです。坂道にさしかかると突然涙が溢れ出してきました。悲しいわけでも、何かが煙いわけでもないのに、運転していて前が見えなくなるほど涙が溢れてきたのです。理由《わけ》もわからず、「変な日、変なことがあるものだ」と思いながら友人に会いました。

一つ目の場所へ案内してもらいました。ところがそこはがけ地で、いかに安くてもコレでは、と思い次の場所へと向かいました。その時、途中で道案内として、知り合いの男性が車に同乗してきました。いかにも労働者風の人で作業服を着ていました。出発して間もなく「奥さん、今から行く所ではなくて、もっと安い土地があるんだけど」というのです。土地の値段を聞いてビックリ、相場の十分の一位なのです。彼によると自分の友人がその山の持ち主だそうで、もともとはもっと広い土地をおじいさんから戴いたそうですが、それを金銭問題が起こるたびに切り売りし、最後に一番奥の土地が残ったのだそうです。「すでに建売業者に話がついているが、その業者に売れてしまうと自分は造成工事はやれない。奥さんが買ってくれればその造成は自分ができるので土地を見て欲しい」ということでした。そんなことで二ヶ所目の土地は見るだけ見て、彼のいう場所へ見に行くことになりました。

南傾斜の高台で見晴らしは最高。ただ竹林でしたので造成なしでは住居を立てるわけにはいかない土地でした。「なるほど安いのには理由があるわよね……」と思いつつも、しかしなんとも言えず心惹かれる土地でした。そしてその男性は、「業者に決まりかけている物件だから、こちらの意思を示す為にはある程度の金額を用意して欲しい。駄目な時には返すから」というのです。

当時の生活の中で私だけでまとまったお金を用意することなどできません。しかも主人には内緒の話です。数人の友人からお金をお借りし、百万円用意しました。仲介してくれるというその知り合いの男性に手渡す為訪れたのは、近くの中学校の建築工事現場のプレハブでした。その男性はそこに寝泊りしている人でしたから、私はふと心配になり、毎日夕方になるとその男性の姿を確認する為そのプレハブへ訪ねて行ったものです。その後主人にも話をしてわかってもらい、主人が役所や種々の手続きを調べ、無事購入できることが決まりました時にはどれほど胸をなでおろしたことか。

あの日あの朝、とめどなく流れた涙は先祖の方々からのメッセージだったのではないでしょうか。「今日はお前の住むところを決めてあげるよ」と知らせて下さったのだと分かったのです。

その土地が決まったことを友人に報告すると、「土地を清めておいたら」と一人のおじい様を紹介されました。平岩さんという方です。この方は、本来なら高尾山の頂上にある大きなお寺を代表する高僧で、行事の時には朱の衣を身に着ける方なのですが、下々の所に降りてきて、人助けをしているとのことでした。この方が土地のお祓いをして下さるということで、最初お会いした時は、小さな可愛い車を自ら運転して来て下さいまして、そこから、小さなテーブルを出し、その上に、お水、お米、果物、塩、酒などを並べられ、長いお経とともに、護摩を焚いて丁寧に土地のお祓いをして下さいました。

こんな形のお祓いを見たことがありませんでしたが、何度も何度も来て下さいまして、私の留守中に来て下さったこともありました。慌てて後で電話をいたしますと、「自分の気が済むまでやるんじゃ……」と言われ、計七回、今住んでいる家が建ちあがるまで来て下さったのです。

後になって、この平岩さんという方が大変なお方であり、現在の我が家をいまだに不動明王としてお守り下さっていることがわかっていくのです。

また今は亡き、この高僧なる平岩さんとの出会いも、天の一点よりの計らいであることが後でわかってきたわけです。

亡き母に助けられた主人の癌

本当なら、この世にはもういなかったかもしれない主人が、お隣の霊感のある友人に助けられた話をしましょう。

以前から胃の調子が悪く、近くの大学病院に通っていました。その年の十一月に入りまして、胃癌の宣告を受けました。さて、この一大事。医者の言うように、普通ならすぐ手術を受けることになるのでしょうが、これだけいろいろと目に見えない世界が見えてきた私です。まず、その頃、子供の学校を通して友人になりました今は亡きMさんという方に電話をして相談をしました。彼女は多くの智慧をお持ちの方で、それまでにも色々と教えていただきましたが、この時は、本当に神様がお手配下さったのだと思いました。

相談をした翌日だと思います。普通でしたら三カ月先まで予約で一杯という『算命学』の易学の大先生がいらっしゃって、それが不思議なことにキャンセルがでて、「今、すぐ来るように」との連絡が入りました。偶然と言えば偶然なのでしょうが、これもまた、神が動いて下さったようです。

ありえないことが起きたのです。主人と二人、一刻も早くと先生の下へ急ぎました。都内のある立派なビルに伺ったように記憶しています。

大先生がおっしゃるには、「あなたの人生の中の最大の運気の無い年、しかも十一月というのは、年の中でも最悪の月、その月に医者の言うようにあなたの体を切ったら駄目です。運気の上がる来年の二月四日の節分過ぎまでこのまま待つように。そして方角の良い病院に替えなさい」とのことです。あまりに大きな危機にぶち当たったわけですから、二人で随分悩みました。そして出した結論は、「待つ」ことでした。私達は、その間、池袋にあるエネルギー研究所のようなところに毎日行き、治療を受けながら三カ月を待ちました。

不思議な治療法でした。先生は患者の体には触れません。遠くの方から、手をかざしているだけです。同じ部屋に子供もいるのですが、子供の方がエネルギーを受けやすいのでしょうか、部屋中を駆け回るほど元気になって走り、また体を何回も回転させて止まらなくなるなど、本当に不思議なところでした。そこへ一日一回通いながら節分まで待ったのですが、節分が待ち遠しかったことと言ったら他にありませんでした。

そうして迎えた二月四日、節分が明けました。以前の大学病院にはもう行きません。『算命学』の先生に言われた方角の、友人のいとこの内科医に診ていただきました。ところが検査の結果、癌など無いとのことでした。私達も友人達も皆大喜びをしたことは言うまでもないのですが、私達全員が、三カ月通ったエネルギー治療で癌が消えたのだと思っていたのです。

さて、これで私の話が終わってしまったなら、不思議な治療の話だけで終わりになるのですが、この話には、まだ重要な続きがあります。今、主人の命がありますのは、この時、隣に住んでいたRさんという、私が妹のように思っていた女性のおかげなのです。

大喜びをしている私達を見て、彼女はどうしようもなく胸騒ぎを覚えたのだそうです。「二人は喜んでいるけれど、何か違う」

そんなことを思っていたある日の朝方、主人の母がRさんの夢枕に立ち、「保の母でございます。保の体は、良くなってはおりません。助けて下さい」とメッセージを送られたというのです。彼女は私達には内緒で、すぐに行動に移しました。以前癌の宣告を受けた大学病院に勤めている友人を通して、主人の診察結果をメモしてもらい、次にかかった病院へ伝えてくれました。主人は病院から呼び出しを受け、再び入院。再検査の結果、やはり癌が発見されました。そこで手術を受け、生還しました。そして今に至っているのです。

あの時、母がRさんに伝えてくれなかったら、またRさんが母のメッセージを感じてくれなかったら、今頃主人はこの世の人ではなかったのでしょう。

友人M様より教えられたこと

新しい世界を最初に教えていただき、主人の病気を最初に相談いたしましたM様。この方より仏の道をしっかりと教えていただきました。

私の人生の中で、仏の道があることを詳しく伝達してくれた人が、今は亡きM様です。彼女との出会いを考えますと、全て神々様のお手配だったと思えます。今日までの間、霊感の全くない私の周りにはいつもいつも誰かがお手配されていたのです。たくさん、たくさん助けていただきました。

まずMさんのことを記してみようと思います。私の長男が都内のある私立中学校へ入学したのですが、そこでMさんのご長男とご一緒になりました。それからMさんがお亡くなりになるまでの三十年もの長い間、たくさんのことを教えていただきました。六十年前、あの東京大空襲の中をお一人で逃げ惑い、生き延びていらしたとのお話を伺ったことがあります。とても強く、しっかりとした人生を生きられた方です。ご両親とのご縁が薄く、他人様のお世話になっていらした方ですから、早くから多くのことを勉強されたようです。

霊能者を可哀想な人だと思いなさい。生まれる時に、霊感を持たされてきたばかりに、人間の欲に負けた時どうなるか。人間だから欲を断つことはできない。欲を断って生きられないこの世です。昔と違い現在の世界ではどうしても負けてしまう。霊感があることを自慢させてはいけない。気の毒な人生を送ることになるだけよ。いたずらに人助けをしようなんて取り組ませるのはよくない。普通の人だということを知らせてあげよう。そう教えられました。そのことは本当に大切なことと今も心に留めております。

色々な所に連れて行っていただきました。軽井沢にあるおばさまの別荘にお邪魔した際、あるお部屋だけ和室で、大きな掛け軸があり、榊があり、今思うと大切な神様のお部屋だったのでしょうけれど、次元の低かったその当時の私は、なにか異様な空気を感じて、早く外に出たかったのを覚えています。

またある時、伊豆の山奥に誘われ、ご一緒しました際、ある一軒家に伺うと、十人くらいの人が集まっていて、車座に座っていました。すると突然、皆さんが何か私には理解できない言語で会話を始められたのです。前掛け姿のおばあさんや男性や、年齢もまちまちの人たちが、古代エジプト語でしょうか、アラブ語でしょうか、私にはさっぱりわからないのですが、大声で夢中になって話しているのです。古代に戻るというひとつの宗教だったのでしょう。あまりの異様な雰囲気に、逃げるように中座してしまいました。

そんなことで、色々なお寺、神社へお参りに連れて行っていただきました。また我が家の孫六人の女の子は、皆、Mさんのお世話で名前を考えていただきました。本当に、色々なことを勉強され、尊敬できる方でした。

今は亡きM様、本当にありがとうございました。

神官Eさんとの出会い

私の仕事の関係で、Eさんという神官の方と出会うことができました。Eさんがどんな方かをお話させていただきます。

Eさんは、お母様が神様をとても大切にしておられたそうで、三歳の頃から毎日お母様と神様に手を合わせ、五歳の頃にはお経を読むことができたそうです。子供の頃から見えない世界が見える特殊な能力を持って、この世に生を受けたわけですが、詳しくは『神と共に（1、2）』（明窓出版）をお読みになればお解りいただけます。Eさんがなぜこの時代に、この世に生まれてきたのか、そして重要な目的の為に神から遣わされている、しかも二十一世紀に新しく起きる宇宙革命になくてはならない人として生まれて来ているということがお解りになると思います。

まず彼女は、《正義》という言葉がぴったりな方です。二十一世紀の世の中に、進軍ラッパの音高らかに、ウルトラマンのように、大変な役目を負わされてこの世に送り出されたのでしょう。大学を卒業してから警視庁に十二年間勤務され、女性騎馬隊第一号として馬との生活を続けているうちに、世の子供たちの様子が昔とあまりにも変わってしまい、このままでは日本の将来が危ないと、子供たちを何とかしたいと、そう思い始めました。そしてその思いで警視庁を退職、環境を守ろうと、合成洗剤追放を掲げた石鹸運動をし、それでも人の心に変化が見られないと、次々と世の中を変えることを目標に活動を続けられ、とうとうご自分の体がこの世から消えるのではないかという時に、私は出会いをいただきました。

そんなEさんとの出会いですから、先に申しましたように、その方の人格、人間性、心をなくすことなく過ごされている様子をそばで拝見しながら、Eさんの伝えて下さるメッセージを聞いている私としましては、Eさんによって伝えられるメッセージは、百パーセント天からのメッセージと受け止められるのです。

彼女の日々の精神状態は、よくよく観察（失礼）・判断いたしております。ともすれば、人の人生を狂わせてしまうような重要なことですから、あくまでも慎重に気を配ってのことでございます。

そのEさんから、ある時、『目覚め』という本と一本のビデオを手渡されました。私の人生の中に、この地上でも、またあちらの世界でも決してお会いすることのできないお方との運命の出会いを頂いたのです。その方は沖縄のS先生です。

神に出会う

S先生との運命の出会い　平成十二年十一月十二日

私は、仕事仲間と沖縄旅行を計画しました。S先生が講演をして下さるというEさんのひと言で沖縄行きを決めました。その前に、S先生の東京公演時のビデオをもう一度拝見し、『目覚め』という御本をもう一度読みました。そして今の世にこんなにも純粋に、こんなにも誠実に生きている人がいるということは、まさに奇蹟にも等しいと思いました。今考えますと、いかにも恐れ多い考えだったのですが、沖縄行きを即断したのは、それを確かめる必要があると思ったからです。

予定の時間をかなりオーバーして到着しましたが、S先生は真っ白いジーンズ姿で待っていて下さいました。S先生は言葉少なく、うつむき加減の沖縄言葉が、何を話していらっしゃるのか、聞きづらかったのですが、「僕のことは気にしなくてもいいから、皆さん疲れているだろうし、お腹をすかせているだろうから、皆さんが落ち着くまでロビーで待っていましょう」との暖かいお言葉をいただきました。

その時は、まだS先生のお言葉もどこか素直に聞き入れることができずにおりました。しかし、二時間位の講演会だったと思いますが、それが終わる頃には、涙と共にすっかり心を洗われている自分がいました。

今、こうして改めて文字にいたしますと、現在はお言葉そのままのお気持ちが解るようになりましたから、当時のS先生の優しい気持ちを思うと思わず涙が零《こぼ》れてしまいます。

この出会いをきっかけにして、Eさんと共に沖縄の地を訪ねるようになっていったのです。お会いしてから今年で十二年目になるでしょうか。考えてみましたら、先生に色々な所へ連れて行っていただきました。

S先生は、昭和二十三年八月十五日にこの世にお生まれになりました。それはなぜなのか。神様の根源に繋がる一本の糸の先の話がもし本当だとしたら、天の創造の神様は、原爆が二つも日本に落ち、これ以上落ちたら、地球が駄目になってしまうと思われて、急ぎS氏を日本の沖縄という所へ生まれさせて下さったのです。地球を助け、人類を助ける為に。

地球という星が、この宇宙の中での数えきれない星の中で最も大切な星であるということ、そして、神々のオアシスとして作られた星、またそれによって他の星の扱い方の違いが生じてくる重要なポイントの星であるからです。もちろんこうしたことは後になって解ったのではありますが。

二度目にS先生にお会いした時、「私は北海道の生まれでして……」と申し上げましたら、S先生は、「不思議だね。昨日北海道の大雪山から戻ってきたんですよ」とのご返事。この日、このS先生の言葉は深くとらえることができませんでしたが、後になって、私はとんでもない自分の人生の不思議な縁《えにし》に気付いていくことになります。

もうひとつその時にショックを受けたことがありました。私は平成二年六月に、ある方との出会いにより、世界の環境を取り戻すことのできるお水に出会い、生業として、たくさんの仲間と運動をしていましたから、その時、「この世界の環境を助けるお水に出会ったのです」と申し上げました。S先生は、「あと十年早かったら良かったのにね」とおっしゃられて、そのことがとてもショックでした。しかし、心の中では、そんなことはないと反論している私がいました。

ところが、それから何年か経ちまして、S先生のおっしゃられたそのお言葉通りの状況を迎えることになってしまいました。現在、まさに取り返しのつかない所へ来ていることをいろいろな形で目の前に見せられております。

S先生とご一緒の時に、自然のものとの触れ合いの中から、私達にとっては奇蹟としか思えないことがしばしばありました。

はじめの頃は、二十人程でお訪ね致しましたが、S先生は自ら大型バスを借りて、那覇空港まで迎えに来て下さるのです。おみ足が悪く、杖をついていらっしゃる先生ですから、本当に申し訳なく思い、それを申しあげました。すると先生は、「客人としてお受けした以上は、沖縄のならわしのように接待をするのが当然です」とおっしゃるのです。しかもそのことは何年たっても変わることはなく、まさに恐縮の至りでした。

そんなお迎えをいただき、ご自身で運転されている時に、先生はよく急ブレーキをかけられます。「先生、どうしました?」皆が一斉に叫びました。先生は落ち着いたままで、「皆さん、外に出てご覧」とおっしゃいます。一同が車を降りて行きますと、車の直前にお産間近と思われるお腹の大きい一匹のトカゲがいました。大きさは十センチくらいで、しかも土の色と同じですから、私達には絶対に見えません。トカゲが大きなお腹を引きずって道路を横断するまで、じっと待ってあげているのです。

どんな小さな動物でも発見されるのですが、それをS先生にお聞きしますと、「見えるのではなく、感じるのです」とおっしゃいます。ある時、こんなこともありました。幅の広い道路で車を停めて夕陽を見ておりました。あまりにも沖縄の夕陽が綺麗で感動しておりましたら、一緒に夕陽を見ていたS先生の姿が消えました。慌てて後ろを振り向くと、広い道路の反対側で、私達を呼んで下さっています。急いで行ってみますと、側溝のコンクリートの渡し板の下の方を指さしていらっしゃいます。S先生の指さす先をよく見ると、そこにはヤンバルの天然記念物の赤い色の亀がいました。それは車の前でもなく、また最初我々と一緒に夕陽をご覧になっていたS先生には道路の反対側の、しかも側溝の中で、見えているはずもありません。「どうしてここに亀がいるとわかったのですか」とお聞きしますと、「呼ぶんだよ」と平然とおっしゃるのです。

「現代人は、機械などにあまりにも頼り過ぎる生活をしている為に、人間の本来の感性がなくなっている。人間には素晴らしい自然が与えた直感という力があるが、それを使わないでいる為に退化していくのだよ。僕は時計も持たず、何も身につけない」とおっしゃいますが、でもS先生の時間はいつも正確です。S先生の海外旅行に何度もご一緒させていただきましたが、小さな荷物一個で、何も身につけずに行かれます。

北海道の手売島へ行きました時、小さな虫が車のフロントガラスに当たってきます。するとS先生は、その虫が可哀そうだからと、運転している方にゆっくり走るよう、何度も何度も注意されるのです。あの小さな虫にまで本当の優しさを発揮されるS先生の、心からの優しさを何度も見せていただきました。

また、ある出版社の社長さんが、私と一緒に沖縄を初めて訪れました時、たくさん驚かれたことがあったようですが、S先生のお宅のお庭では、人生最高の驚きとでも言えるような驚きを体験されました。S先生のお祈りと共に、青虫が空を飛び始めました。蝶になって飛んでいるのではありません。体をくねくねと動かせて、葉や茎や枝の上を移動することしかできない青虫が目の前を飛ぶのですから、誰でも驚きます。社長が、その不思議な現象に我を忘れて青虫を追いかけて庭を走り回る姿は、私の目にはとてもユーモラスに映りましたが、考えてみれば大変なことです。

上から下がっている糸も無く羽も無いのに、青虫のままで、蝶のように空間を飛ぶ姿を想像できますか。そんなことが信じられない人に、早く気付いて欲しい為に自然界が見せて下さるのでしょう。私も仕事関係の方とS先生のお宅にお伺いした時に、不思議体験をしました。S先生の庭は、木もなく屋根もないところでしたが、五センチくらいの尺取り虫のような地上を這う虫が、糸も無いのに、突然、空間にゆらゆらと揺れているのです。それは自然が見せてくれたことなのでしょうが、実に異様な光景でした。それも一緒に行った方に早く気付いて欲しいということだったのでしょう、いつまでも消えずにその人に向かって空間を飛ぶ姿は、現代人の我々には恐怖以外のなにものでもありません。その方が「解りました」と心から言えた時、その虫の姿は空間から消えました。

S先生のいらっしゃるところでは、このような信じられない現象がしょっちゅう起こります。では、なぜ自然界はこうまでしてS先生にご縁のある方々に不思議現象を見せ続けて下さるのでしょうか。それはこうしたことを見せて警告を発し、機械物質文明にどっぷり漬かってしまっている我々の中の一人でも、世界の真実の姿を早く認めてほしいからだと思います。

S先生との旅の中では、先生の奇蹟がそんなものではないことを何度も何度も見せていただきました。アイルランドの旅、ロシアの旅、北海道の旅、桜島の旅と、十一年間に訪れた場所は数えきれないほどになっています。

アイルランドの旅では、S先生の祈りの後、ふと空を見上げると、太陽の回りに七色の光輪を見せていただいたことがあります。祈りの後には必ずと言っていいほどですが、ある時太陽ではなく夜の月の周りに大きな光輪を見せていただき、それはまさに驚きでございました。そんな例も枚挙に暇がないのですが、それを列挙した原稿をみていただきますと、「僕は魔法使いではないよ」とおっしゃって、きっとカットされそうですから、これ以上の例は挙げません。

いつもいつもとても謙虚で、自慢することが大嫌いなS先生ですから、こうしたことを書きとめることを良しとされないかもしれません。しかし、一般の我々凡人には、なぜそんなことができる方なのか、何の目的でS先生が存在していらっしゃるのか、というようなことを考えていただく入口としては必要なことと思い、あえて書きとめることにいたしました。

たいへん恐れ多いことですが、そうしてS先生のご指導をいただくことになり、私の人生の新しい道が開かれていったのです。

神々様からのメッセージ

豊玉姫様との出会い　平成十四年一月三十日

ある時、S先生にお会いしましたら、「吉内さん、宮崎の鵜戸神宮、霧島神宮、鹿児島神宮と九

州の神社をお参りしてはどうですか」と言われました。初めての神社巡りです。いつもはEさんと一緒に旅をするのですが、この時は、Eさんの都合がつかず、主人と鹿児島に住む主人の妹夫妻の四人での旅を計画しました。鹿児島空港まで迎えに来てもらい、鵜戸神宮から旅が始まりました。

平成十四年一月三十日、鵜戸神宮のお参りを済ませ、帰る時に写した写真を現像して驚きました。写したのは主人の妹婿です。写した時には何も気付きませんでしたが、六角形の水の結晶がはっきり二カ所写っていたのです。本当に驚きました。始めは白に近い色だったのですが、いつの間にか現在は綺麗なブルーに変化しております。

二月のある時、S先生が外国への祈りの旅をなさる時に、成田空港までお送りしました折、この写真について伺ってみました。S先生はご覧になるなり、「豊玉姫だね」とおっしゃいました。そしてEさんに交信してみるようにおっしゃいました。私にとって初めての豊玉姫との交信でした。豊玉姫は、「お懐かしゅうございます。今日はこんな所でお話もできません。どうぞ沖縄へお越し下さいませ。詳しいお話はその折に……」とメッセージを下さいました。不思議なメッセージでした。お懐かしゅうございますとは、どういう意味なのでしょう。

しかし、豊玉姫様が申されたように、沖縄に行くことが決定しました。

沖縄、豊玉姫様の座にて　平成十四年五月十三日

待ちに待ったその日がやってきました。飛行場からS先生宅に向かう途中の信号の所で、S先生が急にハンドルを左に切られました。驚いているうちに、海に突き当たってしまいました。昔から豊玉姫の座と言われている小さな姿の良い岩が目に止まりました。その前の海岸まで行きますと、まず龍神様のご挨拶から始まりました。

沖縄の龍神

沖縄の地を預かります龍神でございます。琉球の洞窟にてお会いいたしました。本日は、海の庭においで下さいまして、神々様をお迎えいただき、誠にありがとう存じます。琉球の島が、これから世界に向けて、真の地球という星の歴史の謎を解き明かしてまいります。その時に数々の数えきれないほどの神々を封印された神様もおりますれば、またこれからの世を指導いたします神々様もいらっしゃいます。S様のご縁をいただき、神にご縁のある方々が世の為に働いてまいります時に、あなた様の生きる道、神と共に歩まれている道の中で、ご縁をいただく人々をこのようにご自分の故郷を、いいえ、人々である故郷のこの琉球に、ご案内していただき誠にありがとう存じます。

神々の思いは、人々の心にはなかなか通じて参りませぬ今日この頃、これはあなた様のなさるお仕事かと疑問に思われつつも、ここまで歩まれましたことを、誠に感謝いたします。

今日はこの通り〝座〟をいただいておりますが、本土におきましては、九州の地に座をいただいております豊玉姫につきまして、ご縁のあるお方をお招きして、この地にてご挨拶をする機会をいただきましたこと、誠にありがとうございます。

豊玉姫

豊玉姫にございます。お久しゅうございます。また九州の宮崎の地においで下さいましたその時には、あなた様より、さまざまなご指導をいただきまして、誠にありがとう存じました。ただ今、琉球のこの島を、お人が住まう前にお守りになられていました龍神様からのお話を伺っておりますれば、この龍神様こそ世界の海、そして人々に関わりを持つ、そして人々の水に関わります龍神様と推察申し上げました。まことにこんな大きな龍神様を前に恐縮に存じます。

ここに居られます方は、お名前を何とおっしゃられますか。一度宮崎の宮に来られたことがございまする様子。あなた様のお名前を申して下さい。

そう言われて私は、私の名前は、吉内千枝子でございます、と申し上げました。すると、

千枝子様は、前の名前を何と？

再び聞かれたので、旧姓を山崎と答えました。

その名前をいただかれた家のおばあさまに当たる方でございましょうか。大雪山の麓にお守りを致します……その方はお母様の魂でございますか。この大雪山の麓にお守りを致します龍神様の塚がございます。その塚から発します大きな力をいただいて、真素直な心にて、精進をなされた方でございます。その方の体を神はお借り申し上げ、あなた様が北の大地にお生まれになりました。まさにS殿にこうしてお会いする為に世に出された魂でございました。よくここまで、身が朽ち果てる前にお会いできまして、ようございました。神から与えられたご自分の勤めを全うせずに朽ち果てていく人が大半でございます。しかし、今ここに真の天命を、勤めを、果たさなければならない方々が、Sという名をいただく神の前にお集まりになられます。あなた様も宮崎の宮に参られまして、神の前に、ご自分の果たすべき役割をひとつひとつ学んでまいられるようにございます。あなた様の母君は、大雪山の神様にお守りいただき、無事あなた様をこの豊玉姫のもとまでお連れ下さりましたが、それが母君のお勤めにございました。

世界に向けて、この星をお守りする役を担われております方が、ここにおられますS殿にございます。どうか足下から、ひとつひとつ皆様と真心の手をお組みになられて、あなた様が今、神から与えられました人としての役割、またS殿の、神としてなさるお役に、共にお心を寄せて、神のお手伝いをなさることです。

私の役目は、海を守ることでございます。北の大地におられます龍神様は、大地から発せられます全てを浄化する為の力をこれより発してまいりますでしょう。そして海を守る龍神は海の底から発します、この星の最も大切な水を有します。海の底の底から湧きあがる気のエネルギーの浄化をしてまいります。どうか宇宙からの大きな神々様のご指導のもとに、S殿とこれより縁のある人々の心を通し、各地域に根ざしまする大きな神々様を通じて、神々のご守護をいただきつつ、この地上を平和な世界へ結びます魂の人々を、S殿がご指導してまいります。皆様方は、生まれて今日この日まで多くの神々の存在を多くの神話から、そしてご自分をここまでお育てになって下さいました親御様から、さまざまな指導者の言葉によって知り、神への思いを培っていらしたと思われますが、新しい夜明けと共に、人の世、人の心が変わるが如くとは申しませんが、それ以上に非常に早い速度で神の世界が変わってまいりますことを、どうぞ素直なお心にてとらえて下さいませ。

吉内千枝子と申すお方、どうぞあなた様のお家に、神の座がございますが、その座に向かいます時、大地の神様であります大雪山の龍神様、そして海をお守りになられます海の龍神様は、あなた様の夫であります方と、妻でありますあなた様と、ご夫婦相揃って、朝のお勤めをなさいますと、大きな神への道が開かれると思われます。

宮崎の宮にお参りをなさいました折、神々ははっきりとあなた様にお示し下さいました。それがおしるしと思って下さい。

母なる大地とも、母なる海とも申します。地球という星の全てが、宇宙の神々様から与えていただきました神の真心でございます。大地も愛しいものを生み育てます。海からも同じです。豊玉姫の神の存在は、暖かな人の心に生き行く神の息吹にございます。どうぞあなた様の今のお仕事もそのごとく、神への感謝の気持ちの暖かな心をお持ちの方をこの地上にたくさん育てて下さいませ。それがあなた様のお勤めであり、またS殿の一言一言をお心に留めて、多くの方にまたお伝え下さいますようによろしくお願いいたします。本日は、誠に誠に良き機会を与えていただきありがとうございました。

この日は風の強い日で、テープに入れてあるEさんの声も、ともすると消えてしまうほどでした。でも、初夏の風の中で立ったままでの御神示でした。S先生のおみ足が悪いのに、相当に長い時間のように感じて、大変申し訳なく思っていたのですが、ようやく終わりました。ふと我に返りS先生を見るとさわやかなお顔のS先生の笑顔、ほっとしました。肩で大きく息を吸い込んで、今、目の前に起こったことを考える為に落ち着こうとしましたが、S先生が、「千枝子さん、あの海岸まで行き、海の水を額に七回つけていらっしゃい」と言われました。

私はS先生のおっしゃる通り水に触れる所まで歩こうとしましたが、その時間帯は、丁度引き潮で、ごつごつした岩肌を残して、かなり遠くまで潮が引いていました。気をつけて歩きながら水際まで行き、S先生に言われた通り、その海水で七回額を洗い、再びS先生の元に戻る為に歩きだしました。ところがその途中、水溜りの中の不思議なものが目にとまりました。直径一五センチほどの大きさですが、真円ではなく楕円形をした紫色の物体でした。背中一杯金色をしたヒトデのような模様のあるものでした。私は思わず「先生、先生！」と大声で叫びました。

急いでS先生が来て下さり、「手で触ってはいけないよ。生き物なので、手で触ってはいけないよ」と念を押され、初めて生きているものと解りました。S先生は、「これは大変珍しい生き物で、綺麗な珊瑚礁の所にしか住まないものだ。僕も見るのは、生まれてからこれで二度目ですよ」と言われました。そして海岸に流れ着いた板を探して来られ、その生き物を板に乗せて、外に取りだされました。外に出すとますます紫色が冴えて、その優しい形に驚いたわけです。

そしてS先生は、今一度豊玉姫とお話をしてみるように言われ、Eさんがまた豊玉姫のお言葉を伝えて下さいました。

豊玉姫

豊玉姫にございます。この生物は、珊瑚の海にしかおりません。そしてどこから見ても生き物のようには見えないほど、石のような、珊瑚のような存在とお見受けいたします。紫色をしているほんのわずかな色を持たれております。珊瑚と申しますならば、神様が海の中に海の自然をお作りになられます時に、さまざまな生き物の発祥の地として、珊瑚の海をお作りになられました。私は、この琉球の地に座をいただきましたのは、水の中に全てを生み出す大地を持つ神の島として与えられた、この琉球の地の海を守る神として座を与えられたものでございます。今、ここの真下に見えます小さなこの生物が、全てを生み出す珊瑚の中の神の息吹であり、それを皆様方にお見せする為に、今、光を放って、形としてお示しされたものです。この生物はここの珊瑚礁にさえもたくさんの数は存在しません。神の息吹によって、今、ここに神様から一瞬にしてお与えいただいた存在でございます。これが全て神を象徴するものではございませんが、神は一瞬にして自然の生物を、またその場をお使いになられ、そして人々の気付かないところに気付きをお伝え下さいます。私の姿をここにお映しになられてみて下さいませ。神々は、姿形は無く、皆様と共に歩みますが、姿がお見えになられた時は、心の中に深く刻み込むことができると思われます。S殿が、さまざまな自然の中にお気づきになられるその様子を学ばれてみて下さい」

豊玉姫様のお言葉が終わると同時にどんどん潮が満ちてきて、藍色の海に変わっていきました。こうして静かにその日の神事は終わりました。

豊玉姫様の御姿

皆様はこうしたことを信じることができないと思いますが、このように、神は私たちを導く為に、気付きを与えて下さる為に、誰にでも同じことを見せて下さっているはずなのです。

しかし、皆様の方で気がつかず、見過ごしているのです。ですから、今日からは少し周囲の出来事を注意してみて下さい。そうすると今までに感じなかったさまざまなメッセージを戴くことができるようになります。例えば、何となく行くのが嫌な時は止めましょう。というのもそれは神様からの信号なのです、引き留めているのですよ。

こうして直観力を磨き、自分の感性を信じていると、たくさんのことをお伝え下さっていることが解ります。人との出会いもそうですよね。ふと思うとその人に会ったりして、何で？　と思うことがあるでしょう。

それは全てあなたを心配している先祖とか、神が導いてくれているのです。そこが解って来ると、どんな難問でも、どんな困難でも自然に全て解決していきます。

そして人間は、一歩一歩、神の世界の入口に進んでいくのです。

私も、信じた時から、いろいろなことを見せていただけるようになりました。そして、神々様は、私が天命を解るまで、次々とメッセージを下さいました。

初めての大雪山の龍神様の言葉　平成十五年三月三日　自宅の神殿にて

この頃、Eさんとは同じ仕事を通じてよくお会いする機会があり、また、神々様は私に伝えたいことがありますと、神官Eさんと会わせて下さいました。

大雪山の龍神様

あなた様のお宿に、初めてこのようにお伺いしまして、声をお届け申し上げます。

我はそなたの誕生の地である、北の地大雪山の山に身を置く龍神でございます。

宇宙の神の魂をこの日本国から賜り、大雪山の地にも何度も足をお運びいただき、この日本国の課すべき役割をしっかりとお聞きになられたことと存じます。

二〇〇三年、平成十五年という年は大きな節目の年に当たりまする。北の大地の担います御役も大きな御役にございます。あなた様の身に大きな魂の中にいただきまする御役をはっきりと本日申し上げ、宇宙の神々へのご挨拶に馳せ参じまする際、魂と心と肉体とをひとつに統一なさり、この荒れ狂うこれからの世に大きな光の玉となってご活躍なさることを祈りまする。

あなた様は良き世に日本国というこの南北に長きお国の中に、良き伴侶を得られました。また、ご主人の担うべき役割は大きく、神々のみ袖の中にございます。日本国がこれから最も大切にして行かなければならぬことは、このお国の土と共に魂を生かしゆく人々をお育てすることで、その為にあなた様の魂のお姿の中に神は充分なる手助けをいたしております。

琉球の地はここにおりますと遠き地にございますが、中心なる心は、琉球の地の宇宙の神様の心に有り、それを支えるのはあなた様が神から与えられた指令のひとつでもございます。あなた様のもうひとつの使命が、土と共に日本国を作り上げる魂をお導きなさることにございまする。

今、日本国の真っ白にたなびきまする布の中に、赤く朱に塗られた御旗は見当たりません。大雪山の龍神は国後の地から、樺太の地から、昔日本の国の地と共に散り行きました人の魂が大雪山の神と共に、大きなうねりを上げて北の大地をお守りする動きが見えてまいります。あなた様の故郷の地に神の御心をお持ちになられ、大地と共に、日本のふるさとの心を、北海道のあの寒き大地より南に長きにいたるまで、高きから低きに流るる水のごとく、魂の清らかなる人々と共にこの日本国をお支えになる、大きな大きな働きをなさいますよう心より御願いを申し上げます。

豊玉姫様　平成十五年四月十一日　沖縄、S先生宅にて

S殿、このたびは縁をいただき、この者をお育ていただきまして誠に有り難く心より御礼を申し上げます。龍神様の北の大地に新しき魂が、母親の下に招来し、お腹に在りし時より、光を賜りました。そしてあなた様の夫であられまする保様の母親の導きにより、今日この日、S殿にこうして御前にお邪魔させていただきますことを許された夫でございます。吉内保様にお伝え下さいませ。千枝子様をお導きいたします。あなた様より大きな魂をお持ちの保様のお母様の導き無くしてはあなたはここへ来ることができなかったのでございます。私との縁も無かったのでございます。神のご縁無くして行くはずもなく、お母様の魂で大きな御縁を戴いております。お母様は体は小さくとも大変心のお優しい真心の深きお方でございました。

そうしてS殿の下に導かれて参りましたわけでございます、感謝するのはあなた様の夫の姿にございます。方々守られしそこに感謝の念を導きたい為に、どうか、まずは鹿児島のご自分のご先祖に充分に感謝をされ、縁あっての我が身であることを今一度強くお持ちになられませんと短き一生にございます。

S先生談

自分の先祖をないがしろにすると恐い、まず自分の先祖に感謝すること。

仏を無くして神に拝んでも片手落ち、先祖崇拝は義務である。子供を育てることと同じ。むしろ人生の中でとても大切なことのひとつに先祖供養を挙げるね。みんな気がつくといいね。

そのことから私が学んだ人生の最大の目的は、このことを子孫に次々と伝達することであると思うようになりました。

豊玉姫様　平成十五年四月十七日　自宅にて

ただいまここにお許しいただきました私は、豊玉姫尊にございます。

吉内家の御縁をここに導かせていただきました。これからの時代に大きなお役をお受けさせていただく為に先ず、ご先祖様方の導きをさせていただきたく思います。現在どのような状況にあられますかお示しいたします。

頭をお上げになって下さい。吉内家の先祖、神に仕えること六百年、神より大きなお役をいただき大業を成し遂げられし御方々が存在いたしました。そして近きは、吉内しげ様と申されます方を神は大いに愛でられ、吉内保という御子をお授けし、またこの保という魂は大変なる浄化をお受けになられ、御身が神のご加護の下に守られし後、人として生きることを許され、その後北の大地にご奉公なさり神の許しの中、北の大雪山の龍神の御元にて身を結ぶことを許された神に縁深き女子とまずは縁を結び、男子であるがゆえに家庭を守り、一家を仕切る大きな魂として健康に過ごすことを許されてまいりました。

奥方であらせられる吉内千枝子様は神よりいただきし大いなる魂でございます。

吉内保様、この方の行く末は私が全てをお預かりいたしております。今一度故郷に帰りしとき豊玉姫の願いに応えて下さりまするか。

そしてただいまこれより吉内家のご先祖のご様子を申し上げまする。吉内家の魂とは、元々は神より戴きし学者の魂でございました。余りにも大業を怠ったゆえにものを考えうる人の体の中に肉体をいただきし人は、ものを考えるだけにあらず。体を通して賜るもの多く在りし時、考えることのみなさるならば、神はその人は使わじと思われまするなり。

保様のお体が弱きことは、このご先祖の業を取る為に与えられた体にございます。まずは、お父様はいまだ休まるところなく、先祖の業をお受けになられ、体が自由に働くことなく、長く長く同じ状態を与えられ、また悟ることなくいらっしゃる状況でございます。母君様のしげ様はよくよく体をお使いになられ、考えることも調和を保たれ、よって吉内家の何百年という以前より神に仕えることを成されました。

ご先祖によって今再び神の世を迎えるにあたり、良き神のご縁の中に導かれ、今S殿と申されまする宇宙の神の下へ導かれてまいりました。これより先、保殿におかれましても、あなた様の魂のあるべき姿、行うべきこと等、準備なされておりますでしょうか。そしてあなた様の母上様の御前に真心より素直なるお心にて、ここまで元気に過ごせることへの感謝の心を日々お伝えして心の修行をなさって下さいませ。

そして今一度豊玉姫の社までおみ足をお運びいただき、あなた様の日々ご先祖様への感謝のお心がご先祖様に届きましたならば、そのことと宇宙の神々様のお通じになる道を私は準備して、鵜戸神宮のお社へお越しいただいた時、あなた様のお父上様を神の道へとご案内申し上げたく思います。


吉内家のご先祖はご長男のお方、そのお方に先祖のお守りを託さず、保様あなた様ご自身でなさいますことが、最もよきことにございます。

吉内家の皆々様を通して宇宙の神に仕えることができる身にございます。神とても大いなるお役を果たすとき、人と共に歩ませていただきますことが最も大きな天命を果たすことになるのでございます。どうか、この様に頭を垂れて御願い申すところにございます。日本国の東の地より九州の果てまで行かれますことは、時も要しますし、ご苦労もございまするが、六月の時を迎える前に一度お越しいただきたく御願いを申し上げまする。

我ら神よりの言葉にて、何か不足なり、聞きとめて欲しいことが有りましたならば、何なりとお申し付け下さいませ。このたびはあなた様方お二人の、またご親族の方に初めて我が心の中にございます魂と出会いましたが、これは光を、一筋の糸のような光をお持ちになりしおふたりに、その細き糸のような光にて気づかされたものでございます。絹のように細き白き光は、北の大地の象徴でもございます。大雪山の神の想い、それをお示し下さったものとすぐわかり申し上げました。

大雪山の龍神様とは自然の神にございます。私共のような人の神ではございません。そのお使いの魂と我が思いの中に結ばれし吉内家の魂と、一本の白き光が細々とでもございましたら、このときの為に繋いでおいて下さいました。

夫婦とは言いましても、全く縁無き者は必ず離れてまいります。北と南からの御縁は何の為のご縁であったのか、今一度しっかりと神の御前にてお確かめ下さいませ。もしお二方にてお確かめできぬ時は、この言葉を発したる女子に同行をしてくれることを私より御願い申し上げまする。

また、豊玉姫尊の岩に参って下さる折りに、吉内保様の御霊のご説明をさせていただきたく思います。その折には必ずあなた様の母君のしげ様の故郷においでになりますお祖母様、お母様と縁の深き方々がご同行なさり、真なる吉内家と山崎家とのご先祖の交流をあそばされる結婚の儀と、ご先祖同士の係わりをはたし、その上に神々は祈祷いたしたく存じます。それによって、これからの世の中を良しとして許されますかどうかがお見えになられるはずにございます。夜分に失礼します。


さて豊玉姫様の言葉は、六月の月までに鵜戸神宮へお越し下さい、さすれば吉内家先祖、山崎家先祖両家の交流を通し先祖同士の顔見せをお祝いして下さるとのことでした。

Eさんとの予定もつかず、のびのびになり気にしておりましたが、いよいよ九月に実行できることになりました。日取りは九月五日から七日までの旅です。

メンバーはEさん、主人、私、主人の妹夫婦です。一行はまず宮崎空港から鵜戸神宮、そして宮崎神宮、鹿児島神宮へと参りました。夕方薄暗くなり、人影の無くなった鹿児島神宮で全員で手を合わせましたところ、Eさんの目には歴代の天皇の皆様が並んでおられるとのこと、本当に驚きました。

夜になり宿泊ホテル（霧島）の一部屋にて、大変な儀式が行われて、Eさんの目に映ったことが事実であることが解ったのです。

霧島ホテルは、主人の妹夫婦が仕事の関係で時々利用するホテルです。ホテルの窓から裏山が、見事な自然を見せて下さいます。その儀式は何時間にも及び、長く感じられました。現実の話とはほど遠い夢の中で起こっている出来事としてしか、理解のできない幻の世界のお話でした。

ではその事実についてお話を進めてみましょう。

先祖、鏡の前を通る　平成十五年九月五日　霧島ホテルにて

神武天皇

先祖が集まってまいりまして、いまだに何が起こっているのか訳のわからぬ状態ですが、あちらの方からこちらの方に向けて道ができております。その道に従って、ご先祖様の皆様が両側に退かれ吉内家のお守りに御本尊をお迎えすることになります。

桜島　龍神様

本日ここに、皆々様にお集まりいただきました。私は吉内家の先祖をお守りする何百年、いや何千年にも及びまする永きにわたって先祖の方々をお守り申し上げて参りました。鹿児島の地に立派な宮が建てられておりますが、あのような御社が建てられる以前、ずっと永きにお守りして参りました桜島の龍神にございます。

皆様方は今こうして存在なさりまする所には、桜島の龍神の大きな力があって存在しておりますことを心にお留め下さいませ。自然なる神に守られます皆様方、また今日にいたるまでこうして神様の言葉を聞くことを許され、またS殿と申されますお方にご縁を戴いておられます皆様方、皆様方には目に見えぬ存在でありながら、永きに渡って守護神として御縁を戴いてまいりました桜島のお山を守ります龍神にございます。初めてお目にかかります。お見知りおき下さいますようよろしく御願い申し上げます。

さて本日私がここにお邪魔しますまで、皆様がお食事をお楽しみ下さる間にも、ここにおいでになられます子孫の方々とご縁あるご先祖の方々と数えきれぬほどの数の方々をここにご待機いただいております。今はなき魂の姿の御方々に初めてお目にかかりまする。このような目に見えぬ世界の言葉を申し上げましても、七割方信じきることができぬものと思われます。しかし、これからの世にご先祖の皆様と共に、吉内家、山崎家とが何をどうすべきか、私から少しお話をいたしとうございます。

どうぞ厳しき言葉でございまするが、お聞き下さい。

我が家の先祖をお守り下さる僧侶

吉内家の先祖をお守りいたします僧侶にございます。まず、ここにお示しいただきました吉内家の御方々のお名前に沿って、先祖をあがめられまする存在は、この世から去り、魂となった身でございます方々ではありますが、お亡くなりになられ、ご本人の魂ひとつにてお過ごしになるわけではございません。生きている御子孫の方々に常に連動しているのでございます。どれだけ感謝を持ってお過ごしになられますか、まずそのことが最も大切なことでございます。そして、あの世での生活というものは、肉体から去って参りますると魂の持つひとつの役割と申しましょうか、ひとつのその魂の働きと申しましょうか、それは死んでから魂になりました時に、決まるものではございません。生きている時、心が魂に連動し、その方の持つ魂が肉体を持ち、その方の思いによって動きますから、肉体から注ぎこまれる力によって魂は磨かれてまいります。魂には大きさがあり、萎縮してしまった最も小さき魂は、単なる人として特別磨かれることもなく、ただただ肉体を持って飲み食いをするだけになりますが、自分を生かす為の魂が輝きもなく、萎縮こそなくても普通の大きさで存在することもあります。

　私は僧侶でございましたゆえ、人を導く働きをして参りました。吉内家のご先祖の方々は大変大きな魂を持ち、大きな魂としての働きを続けてまいりました。しかし、ある時から単なる普通の人の道を歩み、それが何代か続いております。特に吉内家の桜島の自然の神様からお守りいただく為に、代々引き継がなければなりませぬ勤めがありながらも、その勤めに目を向けることなく過ごされた方々が、普通の大きさの魂のままでここに至りました。しかし、吉内しげ様は桜島の龍神様の大きなご指導のもとに、神そのもののお心をお持ちになられた方でございます。この方は大変忍耐強く、桜島の自然の神、そして鵜戸神宮にお祀りをされておられます豊玉姫。

そして今日ご参拝されました鹿児島神宮、そこに仕えまする巫女の存在の方々が、日本国の中枢となりまする北海道という地に赴かせ、可祝様というお方と共に、桜島の龍神様と大雪山の龍神様の自然の神の縁をつなぐ縁結びをいたしました。可祝様というお方は、長い年月をおかけになられ、自然の神への縁を結びまするお方で、これは女性の魂でいらっしゃいますが、いえ、魂は男性のような魂でございますが、女性としての肉体を持たれた方でございまする。これは桜島の龍神様と大雪山の龍神様の初めての縁結びにございます。

さて、私はこの後、ご先祖についてお話を申し上げたく思いまするが、これより、ここにおわしまする方々の神のつながりの縁のお話を申し上げます。

Eさんが、目の前で背筋をきちんと伸ばし、おもむろに鼓をうつ姿をいたしました。その姿のなんと見事なことでしょう。そう感動していると、メッセージが始まりました。

神武天皇

私がこのような姿勢をいたしますと、皆々様、お解りになりますか。鼓を打ちまする。

桜島の山の中に煙を見る
さあ~さあ~
ただ今　打ち鳴らし　打ち鳴らしつつ
周りを見渡せば
武士の姿あり　僧侶の姿あり
居並ぶ皆の衆
我は桜島におわします龍神の遣いにて
ここにおわします吉内家のご先祖様に告げおく言葉あり
三つ四つお伝え申し上げまする
またここに後三体の観音をいただき
この観音によって　僧侶の供養によっては
救われの道へとお導きいたします

吉内家、山崎家の皆々様は、ご先祖様を大切にしていかねばなりませんが、これから歩むべき道がよくお解りになろうかと思いまする。吉内しげ様が、可祝様という男性の魂をお持ちになられた母をいただきましたが、母親としてのこの方の魂は、自然の神の導きをいただくまでの輝く魂をお持ちの方でございます。また、大雪山のふもとに生をいただき、厳しき生活の中に、我が子を神への道に導いてまいりました千枝子様の母可祝様は、その責任は大変大きなお方にございました。

　まだ若き頃、保様、千枝子様のご縁を持ち、夫婦という契りを持ち、まず保様の導きの中に千枝子様は子をお育てになられ、人の道としての器をお作りになられて参りました。

　その間、先ほどお出になられました僧侶の方が、ひとつひとつご覧になられていましたが、ある時、霊能を持つお方を側に配置なされ、大きな節目を迎えることになりました。肉体的な節目、これはひとつの障害になることでございますが、人々の間では、病気と言います。病気とは、その方々が何か気付かなくてはならぬ、ただただそれだけのものにございまする。「病は気から」ではなく、病は魂の持つエネルギーから発動するものでございます。魂を磨くことが必要なことに気付かぬ時、必ず人の肉体は蝕まれてまいります。そこにお気づきになられた時には、病は病としてではなく、病は心を通して克服できるものでございます。ですから、保様のお持ちになられます病は、これからお迎えになられまする己のご先祖の徳を思い起こされ、これからはじめられまするお勤めに向かって、きちんと相対し、己の克服すべき魂と心が連動する壁を乗り越えて行くことです。そしてそれによって病は全て消失します。

　吉内千枝子様は、先に立って、誘導し導かねばなりません。保様、あなたの守り神様は、自然の桜島の龍神にございます。九月七日桜島の龍神より厳しきお言葉があると思います。それはあなた様がどうしても乗り越えていかなければならぬことです。さもなくば吉内千枝子様の働きを無にして、全てが崩されることになります。それをご承知いただき、九月七日の日の言葉をお迎え下さい。

歴史の上には書かれざる幾多の困難を乗り越えて、そして私が初めて天皇としてのお役を天から戴いたものにございます。皆様はまだお気づきになられないかもしれませんが、今、日本の国において働きをせねばならぬ勤めがありますが、それがどのような働きなのか、九月七日、しっかりとそれもお示し下さるはずにございます。

現在の日本国の天皇家は、明治天皇の教育勅語がこの世から消されて行くと同時に、日本の神が、この世から現実の姿として見えなくなり、放浪の旅を続けております。そこに終止符を打たねばならぬ時に至っております。その為に、大きく働かねばならぬことが、自然の神との縁を繋ぐことで、信じきることができぬかもしれませんが、それが吉内家の子孫の方々に課せられています。

そしてこの日本国がどのような行方を示しますか、行方の先に何がございますか、皆様の勤め半ばですからお解りにならないかもしれませんが、それは神にご縁のある方々には解り、またその方々が真剣に取り組むことによって、日本国も救われるかもしれません。また崩壊の道を辿るかもしれません。

もしこのようなことを、現在の日本国の政府が口火を切って行動に出ましたならば、これは大きな変化にいたるわけですが、その道は現在閉ざされております。

Sというお名前を戴いた方が、ただ普通の、肩書きも無く、何も持たず、ただ黙々と地球という星の為にお働きになって下さる方、その方の手となり、足となり働く方が、ひとつひとつ明かりを点けますと、その明かりを見て広がり行くことを神は願っております。

私は、この国の初代の天皇と名を戴いておりますが、S殿の御前に出ますならば、まるでアリのような姿でございます。本日、突然、このようなお話をいたして、ここにおられます先祖の皆様も戸惑いもあろうかと思われますが、ご先祖の方々が最も近き先祖の方、子孫の働きによってもまだ救われない方々を、まず、今日、この日にお救いいたします。

和の国に、大和の国に、大和のすめら家の最も大切な天より与えられた御しるし、大和の民の心を映しまする鏡にございまする。ただ今、皆様の御前に皆様の魂の姿を映しまするお鏡をお持ちいたしました。このお鏡の前をお通りになられ、ご自分の魂の姿をお映しになられて下さい。すめら家に伝わります御しるしは、単なるすめら家の御しるしではなく、天から与えられし御鏡でありま す。天からひとつ、一本地につながりまする宇宙の法の上に、天地を結びまする一本の理法の上に生きることを許されて、大和人の心を映しまする鏡にございます。

この鏡の前をお通りになられる時、真っ直ぐに向かわれ通り過ぎて下さいませ。正面をきちんとお向きになり、しばし止まり、姿が映りまするこことを確認した上で、足を前にお進め下さいませ。ただそのことにより、全て許されずにおりました罪が許されるものにございます。このような機会はめったにあることではありません。

本日、あるひとつのはかりごとがございます。九月七日にお伝えをいたしますれば、その日の前に、大切な御役をご先祖の方々が遂行する為に、ご先祖を救わねばなりませんが、その御救いをする未来永劫二度となき機会にございまする。
この御前に差し出されました、すめら尊、神武の前にお許しいただきましたこの鏡の前に、今、申し上げました通りの心にてお進み下さい。お言葉があります間、御鏡がここに許されております ゆえ、どうぞお進み下さい。

静かな空間に繰り広げられる情景は、まるで能の舞台のひとコマのように私の脳裏に強烈に焼き付けられております。たくさんの先祖が鏡の前を一礼して通り抜ける姿も、忘れることのできぬ幻想の世界でのことでした。

みそらに輝く　キラキラと　数知れず流れ行く　流れ星や　満月に
白くたなびく一筋の雲
春には夜桜吉野の山に　咲き誇る　天下人の飛ぶことを許されし人の白く続く和の国にいただきし
金屏風　屏風の裾に描かれし一羽の鷹の姿
鼓を打ちし和人の指先に流される響きの音
日本国の南の地　桜島に生まれし方々や
日本国の心の中にしっかりとお国の為に、ひいてはよそ様の国の為にと

胸を開きて幕府に立ち向かう姿や
和の国、大和の国に受け継がれ、大和の国に受け継がれ
世の中をすめらの国に

すめらとは天の神から受け渡されしお国のことよ
天から渡されし和の国、すめらの国　すめらの国を作りし桜島に神をいただきて
桜島の龍神よ　すめらの国を大和の国を和の国を守りし
鹿児島の桜島はよ　すめらの尊の心を作る
神の音（ね）の国　神の音の国
北の大地は日本の国　大和の国を作る頭　北の国は大和の国の大切な大地　北の大地
頭からつながりし龍神の　龍神の体を作り
日本国　大和の国の上から下までつながりし　お国の最後の神の御足を守る
桜島の　桜島の龍神様にお使いをいたしまする
この世の皆様よ　よくぞこの鏡の前にお集まりいただきました

桜島の龍神様

私は吉内家を、またひいては山崎家のご縁をいただく人々、また両家にご縁をいただく皆様、こ

れより更にお守りさせていただきます桜島の龍神にございます。ご理解になられませぬお方もおいでかと思われますが、吉内家の最も近きご先祖はただ今、皆救われてまいりました。お鏡の前をお通りになられ、観音のみ手の中へと救われてまいりました。このような魂の救いは二度と行われるものではございません。九月七日を豊かなる心にてお迎え下さいますよう、心よりお願い申し上げまする。本日は大変遅き時間にて失礼を申し上げます。

S先生古代水神様の封印を解く　平成十五年九月七日　福岡市内神社

翌日の朝、一行が鹿児島空港から福岡空港へ移動したのでございますが、その間Eさんの目には真っ白いキラキラ輝いた何本もの白い雲の糸が見え、それは福岡空港に到着するまで、私たちと共にあったのでございます。

さて、福岡空港では沖縄から先に到着していらっしゃいましたS先生とお会いしました。そして、福岡市内にございます神社に向かいました。全国第一の宮にて水の神様として日本に一番初めに建てられた古い宮でございます。

先生は門に入られると、お宮様の前で軽く会釈をされて、通り抜け、何かを探しておられる様子。そこに丁度通りかかられた若い宮司さんに声をかけられました。「どこかに井戸はありませんか?」と。その青年の宮司さんが案内して下さったのが同じ境内の一番奥、人が通れないようにしてある場所の古井戸でした。その井戸は鉄で作った直径七十センチ位のもので、蓋がかぶせてありました。その鉄の蓋は、長い間の雨で穴があいて、朽ちている姿がなんとも古い時代を連想させます。

そこで先生はゆっくり蓋をご自分で取り外し、中を覗くと、その中は暗くて水のある様子はなく、枯れ井戸と感じ取ったのです。私どもは急いで井戸の周りにお水を掛けお清めをさせていただきました。皆が緊張する中、おもむろに先生の力ある祝詞《のりと》が始まりました。先生の龍神様に上げる祝詞は、水の龍神様の御心に優しく届き、長く苦しい状況をお慰め申し上げております。最後に「エイッ、エイッ」と力強く光を何度も何度も発信して下さり、これからの御神示の始まりの中、古き龍神様が大きく息を吹き返したのでございます。目に見ることのできない私でも大きな大きな龍神様が大空に向かって昇っていかれた姿をイメージできたのでございます。その後我々は市内のホテルに移動しました。

桜島の龍神　平成十五年九月七日　福岡のホテルにて

火山の噴火いたしまする桜島の龍神でございます。

大和の国の人々の想念を、火山の噴出によって浄化してまいります。また、神々の持ちまする想念の浄化も共にいたす場合もございます。

桜島は大和の国の最も南に面して大変重要なるお山にございます。本日の筑紫の龍神様は封印を解かれまして、大和の国の足の部分に当たりまする最も大切な九州の地はこれより誠なる神のお運びの地として、今まで働くことができぬ状況でございましたが、着々とこれから神のなすべき道を歩むことと存じます。しかしあまりにも大和の国の人々の想いが混沌といたしております。というよりも浄化をせねばならぬようになっています。神が人と共に歩むことができぬほど人々の想いは汚れてしまっております。いつの日か一度この汚れた想念を噴出しまするることを御願いしなくてはならぬのでは、と思うところにございます。

ご相談を申し上げたくお邪魔しましたが、この場にてはこのような大切なことはご返事はいただけぬでしょうから、後々に渡っていただくことに相成ると思います。

この桜島の龍神の心をどうぞよろしくお受け取り下さいませ。

S先生談

本日は原始の水の神が起きた喜びの日でございますれば、日本の浄化のことは改めて考えたいと思います。

筑紫の日子山の龍神でございます。

昨日、天忍穂耳尊《あめのおしほみみのみこと》様が私のところへ参られ、魂を清めなされあなた様のお迎えの準備をなさりました。

ただ今大変ご苦労をなされました水の龍神様のお姿を拝見し、桜島の龍神様の声をお聞きしましたが、ここにおられまする方々は、S殿にご縁のある方と推察申し上げ、この場所でこのような重要なお声をお聞きになられますことは、大きな御役を頂いている方であると察し申し上げます。

封印を解かれ、地の底から地上に現された水神様。水神様とは祓い清めのお力を天よりいただきまする神様でございます。私共山に座することを許されましたる龍神は、長きに渡って太古の筑紫の祓い清めをなさって下さいました龍神様のそのお力をいただきまして、日子山の山に生かされておりまする。

昨日は天忍穂耳尊様が山にお登りになられ清めをなされましたことは、この水の神様をお迎えすることがお解りになられていたかもしれません。普通の天忍穂耳尊様の姿ではお迎えすることは失礼になることが解っていたかもしれません。そしてその上またS殿を現在皆様からご覧になられますと、人の御姿に見えていらっしゃるでしょうが、現在こうしておいで下さいます神の前には、宇宙大根元光源の神様として、御姿を現せております。

すでにご承知のこととして、私は天忍穂耳尊様をここにご案内いたしております。以前でございましたらあなた様は、ご自分で大和の国のそこここをお廻りになられ、お体を持って御祈りをなさって下さいましたが、現在では自然の神様がご挨拶をするように時代が変わってまいりました。

これは時代をいいますよりも、急速に地球の神々の世界が変わっていくことによりまする。そのことをここにおいでになります皆々様、神々の世界が急速に変化が起きますことは、人々の毎日の行じまする生活の中におきまして、大変大きな変化が生じるということでございます。

天忍穂耳尊様《あめのおしほみみのみことさま》

初めてお目にかかります。恐れ多くもお会いする機会を得ましたこと、心より御礼いたします。天照大神様、海玉伊志命様《みたまいしのみことさま》、ここにご一緒しております。本日、九州の地の龍神様のお言葉を賜り、それから私の勤めをあきらかにいたしました。有難うございました。

あの日子山の龍神様を、九州一円のすべての神々様が自然の神々様を尊敬し崇拝いたしまして、よく御足をお運びになられます。

清らかなる山の山頂から流れまする龍神様の水。この水に誘われるがごとく九州の地のさまざまな所に豊かな湧き水を頂くところがございます。しかし山の岩肌を滲み通し木々の間をくぐり抜けてコンコンと湧き出る水は、人々の思いによって大分汚れてきてしまいました。ここに私と共に神が人と共に歩みますことを許され、いや、人が神と共に歩まれる、許されると申し上げたほうが神々の思いからいたしましたら、同時に叶うかもしれません。ここにM氏とお名を戴きまする、宇宙大根元光源の神様に恐れ多くもご縁をいただき、ここにおりまする御方と私は、私と共に歩む御方と思っておりますが、二〇〇三年八月十五日もちまして、大和の国の神々の力が変わってまいりました。それがはっきりと浮き彫りにされてまいりました。ですから、そのような方々が宇宙大根元光源神様のもとへお伺いいたしますことをお許しいただく機会がございまして、そこでお分かりになられましたものが、その導く神と共に歩みます。

人の姿をはっきりとお示しになられ、また神と共に歩む大きなお仕事が始まりますれば、世の多くの人々に、地球という星が、大和の国が、これからの二十一世紀の世の中に良き自然の力に戻りまするこをお示しになられます。その自然回帰する力とでも申しましょうか、地球が活き活きと生きてゆく方向に神と共に歩まれる方々が、大いなる神様と共にご挨拶いたしたく、馳せ参じました。M氏と申します御方、日子山の龍神や大いなる宇宙の自然の力を戴く魂の器を準備していただき、何回も生まれ変わりますれば、本日ここに日子山の龍神に、私、天忍穂耳尊と、人の姿をいたしますM殿、揃いましたる宇宙大根元光源の神様に相揃いましてご挨拶をいたすお許しをいただきました。

本日、ここにおいでなさいますM殿、あなた様は天命としての務めをお気づきになられていますか？　魂と心とあなた様全身の肉体をもってしっかりとお気づきになって下さいませ。

世の中は汚れていく力が勝っておりますれば、神と共にあります姿は、まだまだ小さな力でございます。今日ここに古き水の神様を目の当たりにしていただき、この大いなるご縁の姿によって、今日この日を境に、M殿、どうぞ身を清らかにするは当然でございましょう。そしてあなたのなされることは九州一円の代表として神にお詫びをすることでございましょう。

そして、その自然界の神々様の姿まで、時と場合により変わりゆく神がおられるかもしれません。ましてや、あなたの思いが神に対しお詫びする心ができましたならば、神のお心さえも、もしそのような小さな神でも変わりゆく姿が見られましたならば、あなた様の天命は果たされたことになりまする。その為に身を清らかに。そして心は神に感謝を一途になさること、そして今、完成を目の前に致しまする建物は、自然の神々より与えられたものと思われ、その旨を心にしっかりと収めて下さい。そのようなことをこれからのあなた様が、全身、お心にお留めにならなければなりません。本日ここにお越しいただきました、宇宙大根元光源の神様の思いに、どれだけの感謝の心をお届けになることができましょうか？　世は変わりゆきまする。その節目にきちんとケジメをつけ歩まれますことを、日子山のお山よりお祈りを申し上げております。

S先生談

何か質問があれば、何でも聞いて下さい。人間の世界と神の世界の違いをどのように説明したらいいのか、両方の気持ちがわかるものだから、説明がむずかしい。

日子山の天忍穂耳尊命様が、M氏を使って何かを実行したいと選んだわけなのです。

神は肉体を持っていませんから、何かを実行したい時に自分の子孫の中から誰かを使おうとするはずですよね。

選ぶんですね。誰にでもできるわけではないのですよ、魂の問題がありますからね。天忍穂耳尊様が、なぜこんなにずばりと言ったのかと申しますと、大変な世の中になりましたので、急ぎ知らせたかったのです。

豊玉姫にございます

本日宮崎の鵜戸の宮を出て、鹿児島の地をへて、日子山の宮へとまいります間、天から蜘蛛の糸という大きな天の導きがありますことを願ってやみませんでした。本日真に大きな龍神の神様を拝見させていただきましたが、鵜戸の宮からずっと永くひかれましたる蜘蛛の糸が、大変大きな神様の導きでありました。このことを天の神様に御礼申し上げたく思っておりましたが、本日はＳ殿のお姿が神のお姿としてここに起こしになられて、神々の思いの中に大きな導きがあらんことを気付いてはおりました。蜘蛛の糸にて天の神様から導かれるものは、大きな水をつかさどりますると申し上げますこの私たちの神の、誠なる清めを下さいまする龍神の神様であり、そしてとうとうここまでお越しいただいたＳ殿のお姿が、宇宙の大いなる神々の中心に、宇宙の最も中心となる神様の姿として日本の国に現れますことです。とうとうのその時が参りました。

今までは、名前こそ宇宙の大神様であらせられますことは解っていたつもりでございましょうが、このように御前にお姿を戴きまして、恐れ多く誠に感謝の気持ちでいっぱいでございます。

吉内千枝子様、人は私と共に、私が人と共に歩んでいくお許しを戴き、またそのような人を与えていただくことに心より感謝を申し上げます。

また、吉内家の当主でございます保様におかれましては鹿児島の地に誕生をいただきながら、若き頃には北の大地に神に導かれおいでになられましたこと誠にご苦労様でございました。奥方であらせられる千枝子様、今申し上げましたとおり北海道の中心なる大雪山の龍神様の縁に導きをお受けになられ、また、御当主であられます保様は、母上でいらっしゃいますお方をお守りいたしまする桜島の龍神様によって、大雪山の下にお生まれになられました御方の下に神のお導きを頂き夫婦となられましたこと、すべて神のお導きによることを、まず心にしっかりとお留め下さいませ。

あなた様の魂が、吉内保という名を戴き何回も生まれ変わりますれば、石のごとく硬くしっかりとした根を張る魂として導かれてまいりました。岩は巌として大きく備え付けられましたならば、動くこともいたしません。しかしそれはあなた様の魂としての務めの形ではございません。心は柔軟に、されどどんな大きな災難が来ようとも、大きな岩によって止めること、波が来ようともその波を砕き、そして多くの者を守るがごとく大地にしっかりと根をお張りになり、そこに根付いていく生き物を守る御役がございます。まさに夫婦となりました千枝子様は、あなた様がしっかりと受け止められ、心を支え、縦横無尽に、世の為人の為に発信なさり、着実に活動なされる姿を、大きな岩の動きとして受け止めるお役にございまする。しかし岩の根のように、心まで頑なにいたしましては根付くことができず、岩の根に息づく物を神の意思にそむき殺してしまうことにもなりかねません。本当に大変なお役でございます。

先程も日子山の龍神にお伝え申し上げましたごとく、また、天忍穂耳尊様が申し上げましたごとく、ここに至りましては、巌としてあなた様の周りに根付きまする自然に対して、すべて感謝のお心をお持ち下さい。そして、まずは、あなた様を幼き頃より、病弱なお体、病弱なお気持ちにさせてしまったそのすべての仕組みはなんでございましたか、そこをまずお悟り下さい。

この星に息づく物の全てが、自ら生きるのではなく生かされていることをお悟り下さいませ。さすればこれから岩の御役として、どのような生き方をすべきでしょうか。それをお考えいただかないとあなた様の魂と心の発するものが肉体にまで及ぼすことになりまする。その状況をよくよくお考えになられ、こうして今脈々と生かされることは、あなた様の岩の上に乗せられ、世の為人の為と動きます吉内千枝子様の寿命をどれだけ長く保つことができるかにかかっています。昨日までの生き方に、今日、はっきりと線をお引きになり、生き方を変えていただきますよう願います。もしお分かりになりません場合は恐れ多きことですが、宇宙の大神様に二つだけお伺いをなさってみて下さい。

本日、福岡宮の古き水源の底より封印を解かれ、地上にお姿を現されました龍神様が、どのように長い間苦しんでいらっしゃいましたか、私共にはお姿を拝見するだけで手に取るように解ります。

本日は皆様方、豊玉姫の私でさえも、あの龍神のお姿を見せていただきました時、このままにお姿を拝見することはあまりにも恐れ多く申し訳なく、しばし涙と共にその場にひれ伏し、皆様が下がられるまで頭を上げることができませんでした。

皆様、この日より、どのような生き方をどのようになさいますか。今までに御自分がどうしても変わらなければならぬという思いが、もしそのように思うことがございましたならば、私の今の話を、皆様方には見えぬかもしれませんが、豊玉姫のこの思いを、どうぞお分かり頂きたくお願いを申し上げます。今日は、何千年の間封じ込められておりましたこの龍神様がお働きになられることを許されました。どのような活躍をされますか、皆様じっとバネの姿を思いおこし下さいませ。

体をふくらませ、身を縮ませ、じっと動かず、言葉も出せず、思いを発することもできずにいらっしゃったのでございます。その御方が地上にお出になった時、バネの手を放しました時、どのような動きがありますでしょうか、想像なさって下さいませ。M氏とおっしゃりまする御方はご存知のように、日子山の天忍穂耳尊、大変御心がお優しく、そして凛となさっていらっしゃいました。

今日S殿と申し上げていらっしゃる御方が神の姿にてここに参じて下さいました。そのことも、我々の心の成長と共に、はっきりと解るようになりました。なぜに、宇宙のこのような、神とても御会いすることのできぬ大神様が、なぜこの地上に降り立ちましたか、そのことを深くお解り下さい。それは本日、あの古井戸のような、誰もが目を向けぬ所に苦しみ、永きに渡って耐えてまいりましたる神様をお救いになられる為に、お越しになられましたように、大きな働きをなさって下さいました。

鵜戸の宮から、鹿児島の宮から、日子山へ宮へと続く天の雲の糸。天の導きでなくして何でございましょうか。その糸の中心に囲われた中に吉内保様、あなたは厳といらっしゃいましたこと、今日悟らずばあなたの命はどのような神の裁きをお受けになられましょうか。あなた様の岩としての働きの上に、大きな働きをなさいます。大きい魂を乗せる岩こそ、もっと大きな魂でなくては乗せることはできぬことをお悟り下さいませ。

宇宙大根元光源の神様、たいへん前置き長き言葉を申し上げてしまい、失礼をいたしました。どうぞ、大神様の肉体をお持ちのS殿として、保様のお言葉をお受けになって頂きたく、よろしくお願いいいたします。

主人

今までまともに聞いていたものだから、とても辛く耐えられない。自分自身は一生懸命やってきた。それは今までの人生を否定されたようなもの！！

先生

豊玉姫様。私は神と人間と両方理解できているつもりです。でも人間である御主人様にはとてもきつい言葉として受け取った様子、もう少し人間に解りやすくお話をしてみて下さい。

豊玉姫　弓と矢

宇宙の創造の神様の思いではありませんが、その下の宇宙の神様から教えられしことは、人の心の中に神の心が宿っていて、その神の心を知る為に何をなされましたならば、神の心を知り得ますか、ということです。皆様方の身の回りにはさまざまな物質がございます。ですから日々の生活の中で、最も大切なものを心に留めることをお忘れになられまする。人が何万年もの間やってきたように、神様のみ心を知る為に、そぞろ心を天に向け、心を静め、思うことなくして、なかなかに感謝の心は起こり得ぬものにございます。

日本の神々様は、お集まりの中に、たった一点を見る為に、ある神様が御考案をなさいました。それは、神の国の世界では皆様がお考えになられまするような、現在の弓と矢ではございません。上に天の思いを置き、地には大地の思いを置き、二つの思いを繋げてゆく、それが弓の形を形どったものにございます。そして、天と地の間に戴く空間、目に見えぬ空間の中に一本の矢が待ち構えおりまする。

実は神の世界では物の形はございませんでした。天照大御神がお隠れになり、岩戸にお呼びになられます時、皆様はどのようなことをなさいましたでしょうか。岩戸の前にある神様が立たれ、舞いを舞われました。その舞いの中にさまざまな諸作事が形を表してまいります。その弓矢のはじめの頃の形として、弓を引く舞いにも似た動きがあったと思われます。神々は最も大切なお心を常に持ちあわせ、そしてお互いに神の命をかけ、神々様の存在を健やかに励まし合う中、誠の弓矢でございましたなら、神の魂までも見抜いてしまい、戦いとなってしまわれます。ただ最も大切なことを常に心に落とすことを神々は心得なければならず、互いに切磋琢磨するなかで、そのような弓矢を引くような諸作事が生まれ、またそれが何百年という年を経て、日本の国に神事として弓を引く、そのような形が残るようになったのでございます。

日本国に営々と伝えられてまいりました天地の理法を戴き、昔の人々の心の中には、山河の素晴らしき自然の中に息づく多くのものによって生かされている、という思いがございました。また、この文明を築き上げて参りました歴史の中に、形を作ることによって信ずることをしてまいりました。しかし、二十一世紀という時を迎えるにあたり、この地上の、良かれと思われて参りました多くの形作られたものが、実は人々の心に誠でなきものを願わせて作らせてしまっているという歴史の過ちがございます。それは神々に大いなる責任があります。また、それを真摯に受け止めても、誠なる姿が言えぬままに運んでまいりました歴史があります。

　Ｓ殿という方が、人とはこう有りますならば、神から与えられた自然を壊すことなく、仲良く共に生きていくことができるのですよ、とお教えいただき、そしてなぜ、この方が日本にお生まれになられましたか、そのことは御説明をいたすならば時間を要しますが、簡単に申し上げますと、日本という国に、未だ国の形ができておりませぬ頃でございまする。地球という星が、未だ海のものとも、山のものとも付かぬ時の言葉を思い出して下さいませ。日本の国が未だ日本などと名前がつかぬ頃、現在日本という国が置かれます所に、創造の大御神様は宇宙の魂をお納めしました。そして我々日本の神におきましては、地球という星の全体を見まわしたことがございません。ゆえに、Ｓ殿が世界をお歩きになられました。Ｓ殿のような見方はできませんが、日本国の在り方によって、また、日本の国にＳ殿を通して世界の神々が集まってまいります。その姿を拝見いたしますと、また、大昔の皆様が、まだお生まれにならぬ時、神々様がどのようなお国をこの大和の国に御作りになりたかったかが解ります。ですからこの大和の国は世界の神々様が学びにいらっしゃいます。そのような大切な物をお持ちになっていらっしゃるからです。

人は自然から届く物を商い、大変な年月の経過と共に貨幣という物ができました。滅多にまいりませんが、例えば、鵜戸宮に行きまして神の前にチャリーンと鳴るあれは大変便利な物のようでございます。神々への感謝の思いがないまま投げるように入れてまいります。しかし、人がお作りになりました貨幣は、神によって許され、与えられたものでございます。大切にお手から、置くべき所へ静かに感謝して置くものでございます。宮に来てさえ神の存在をもお解りにならない方は、感謝の心でなく、投げつけるが如くに置いてまいります。

物と物とを交換して、互いに自分の作り物を、最高の神から戴いた物として、どうぞあなた様にお与え致します、どうぞ大事な物を私に下さいませと、物と物を交換していただいた頃は未だ感謝がございました。その当時は神の姿に、人々の姿に、お互い思いやる感謝の気持ちがあって社会が成り立っておりました。

私が今さまざまなお話を申し上げて参りました。ここにおられます御方々は、今、日々の暮らしの中で先頭に立って人を導いて頂きたい魂にございます。この方がS殿と申されますが、この御方の、ある時より身を全て捨てられ、ただただ誠なる世の為、いいえその様な小さなことではなく、この星を救う為に来られた方なのです。その思いを神々様がお知りになられました時、なんと人々の勝手なる生き方よと、神々はほぞを噛む思いにて、神の進んで参りました歴史の中に、悔やみ反省をしたものでございます。

もしS殿が日本国に降り立って頂かねば、神の私とて反省することもなく、勝手なる神としての振る舞いをしていたかも知れません。導きの魂を持っている方は、導かれて生きて行く方とは違いまする。大変厳しきものを与えられるものでございます。親は子に願いを持ちました時、この子供が誠なる親の思いに、また、それが世の為人の為とあらば、血がにじみ出る程の厳しい業を与えるものにございます。

S殿の周辺にいらっしゃる方で、御縁を戴くことがどのような意味か御考えになれぬ方は去って参ります。また、余りの存在の大きさにひれ伏して、そして去る方もいらっしゃいます。神の存在でも同じことが言えまする。

皆様も御子を御育てになられます時、例えば、こうなって欲しいと思う時、心にも無いことを伝えねばならぬ時もございます。神としても、そのようなことはございまするが、良き生き方をし、また、手本となる生き方をして参りました御方には、その人の生き方を神が真似ることさえもございます。皆様には信じえぬことで有るかも知れませんが、S殿の周辺におられる方々は、これからの日本国を背負って行く若き魂が誠にたくさんございまする。その方々は、体験がまだまだ無きゆえに、素直に教えられた道を歩みます。また、七十年、八十年のよわいを重ねた方もお傍にいらっしゃいまする。どのような生き方をしていらっしゃいましても、御自分の生きた証しの上に、更に崇高なる高き魂の昇華を願って、また、神に繋がる道を求めていく方もいらっしゃいます。神に繋がる道とは、生きている肉体をお持ちになっていても求められます。

人は人の肉体から去りました時、それは神の魂、いえ神と申しまするのは、我ら今宮を頂く宮を通り越して、S殿のおいでになられます、無限なる宇宙へ導かれる魂もございまする。それゆえ無限に広がる宇宙へ旅立つことを許されるその時が、かつて二十世紀と呼ばれたその時にはございませんでした。

しかし、皆様にはなかなか御解りになって頂けぬかも知れませんが、今、この所にこのような宇宙の大きな神様がなぜ日本国に降ろされましたか、これは地球の改革ではないのでございます。無限に広がる宇宙の中で、今だかつて起こされたことのなき宇宙改革なのでございまする。私自身も、この宇宙大根元の神様に教えられて判ったものでございまする。ただ、私はそれをお伝えをする身にございまするが、そのように皆様の御考えになられますような簡単な地球改革ではなく、また、その地球という星は、宇宙に二つと無き星であること、そのことによって、更にまた日本という国が世界に類を見ない神の天地の理法を頂き、そしてこれからの地球の中心となる国であることをお解り頂かねばなりません。神もここにおいでになられる皆様も同様にございます。今まで何十年という暮らしの中に築き上げてきましたものすべてを、大きな基盤として、その上に、このようにあって欲しいと思う願いを実現していかねばなりません。

これらを大変厳しいお言葉とお受け取りになられるかもしれませんが、天忍穂耳尊様が、本日の住吉宮の神様のお姿を拝見致し、大変な命をなさいます様子が手に取るように伺えます。

私も皆様方と共に、天の雲の糸によって導かれ、ここまで来ることができました。どうか皆々様、宇宙から御降り頂きまして、二度とお会いすることのできえませせぬ、宇宙大根元光源の大神様の教えを、一日も早く宇宙大根元光源のお心として御祭し頂くことができましたならば、人と共に先へ先へと進んで行くお力になるものと思われます。それが神としての我らの願いです。

皆様が、自分の胸に矢を向けるが如く、厳しいお心にて、今一度これから先の世へと足を運んで頂きたく思いまするが、これは神の勝手なる思いでございましょうか。もし豊玉姫の私の勝手なる思いでございましたならば、皆様へ、夜明けの無き、日本国の形を作ってまいりましたことに深くお詫びを申し上げます。

もし、私の気持ちが御解り頂けましたならば、大変厳しき世に移り変わっておりますが、共に歩んで頂きたくお願い申し上げます。

S先生の御言葉「正しい生き方とは」

日本には真面目な日本人はいっぱいいるんですよ。人生を真面目に生きている人はいっぱいいます。日本人には、外国と比べて真面目な人がいっぱいいます。でも、真剣に生きている人はとても少ない。日本人には、外国と比べて真面目な人がいっぱいいます。でも、真剣に生きている人はとても少ない。また仕事に真剣に生きている人は、いっぱいいます。自分の体を壊してまでも真面目に生きている人はいっぱいいます。でも、人生を真剣に生きている人は、僕もまだ、何遍かしか見たことが無い、そんなに見たことは有りません。

自分の体を壊しても仕事を真剣に生きている人はいっぱいいます。でも、人生を真剣に生きている人は見たことがありません。

これが神から見た日本人です。ですから僕の言いたかったことは、真面目と、正しい生き方とは違います。正しい生き方とは真理の生き方です。今までの政治の考え方で、このままで世の中（地球）が続くと思いますか……。それを一度考えてみて下さい。人類が続くかどうかです。人と自分のことだけではない、真面目な生き方をしてきた人が、真面目に地球を壊してきたのです。でも、真剣ということは真理ですから、ずっと続くことなのですけど。神が作った法律は永遠に続く法律です。皆が気づくとまだ地球が保てるかもしれません。

このままだと地球は滅びます。二十世紀とは、地球の物を食べ尽くして来た時代です。国が続かない、日本が続かない、人が続かない、そういう意味でも先進国です。日本に真剣に生きる人が増え、みんなが気がつくと地球は保つかもしれません。

永遠の地球に悪い人、良い人、いっぱいいます。しかし、真剣に生きている人、私は滅多に会ったことがありません。百人中、一人か二人くらいでしょう。

みなさん一度考えてみませんか？　真面目と真剣の違いを。

二十一世紀、真面目な時代から真剣の時代へ。

「皆、真剣に生きていますか？」

主人談

人生に対して真剣に生きてきたかと言われると、決してそんな風には生きてこなかったと言わざるをえません。ですから、S先生の真似はできないと思いますが。

先生の御言葉

それは大変ですから、真似をしないで下さい。大変ですから。

私は人生を真剣に生きて来ました。自分の子供たちにこんなふうに生きてご覧と思い、やって来ただけです。

皆が、真剣に生きたら……気がついてくると、地球は保つかもしれません。永遠の地球に！

神の作った法律は、永遠に続く法律です。人間が作った法律は永遠には続かないと思います。

真面目な生き方、更に真剣さがプラスされると、いろんなことが変わってくると思います。

こうして二泊三日の吉内家にとっての重要な旅は終わりました。

トンボの言葉　十六年春の一日　虹の里の水源の近くで

S先生の家の裏山に、一か所水源があります。先生が世界を廻られる時、必ずこの御水をペットボトルでお持ちになられ、各地でのお祈りの際にお使いになります。

その場所に私とある会社の社長様とが案内された時のことでございます。美しいトンボが飛んでいて、その色が特別に綺麗で、ほんとに驚きました。見たことのない不思議な色をしていて、全体は濃いブルーの色ですが、光が入ってそれがキラキラとなんとも言えず美しく輝いていたのでございます。あちらこちらと飛び交う姿はまるで夢のようなひとときでございました。近くに神官のEさんがいましたが、そのトンボからの言葉を話されました。その声は綺麗な透き通るような感じでした。

(トンボの言葉)

この素晴らしい自然の織りなす水の源にようこそ。おはようございます。

自然は人々の心の中に、さまざまな色を与えて下さっています。私の体をご覧下さい。この私自身の体を見ることはできませぬが、色は私に力を与えて下さいます。もしこの体が茶色に染まった時、この世から姿を消してしまわねばなりませぬ。

皆様が素晴らしく美しい私を「美しいなぁ」と本当に感動して見守って下さる言葉が、私の中に生き生きとした感じを与えて下さいます。

自然には、その中にお互いの心を豊かに生かし合うことが全て準備されております。本当に今日は良く心地よい時にお会いすることができました。私はあなた様方の言葉を全て体で受け止めております。まさに「妖精」という言葉を戴きましたら、神は一瞬にしてこの体に入ってこられます。一瞬にして神が体の全てを言葉の色で包んで下さいます。そして美しさを周辺に撒き、配ります。それが妖精の目的です。

空海様よりのお言葉　平成十六年六月二十一日朝七時　札幌マンションにて

この日も、神官Eさんと札幌に行っておりました。札幌では私のマンションに宿泊するのですが、そのマンションに宿泊した翌朝、北海道の六月の清々しい朝、空海様よりメッセージを受けました。私の母方の先祖は山口県より移り、あの厳しき開拓者として夢をいだいて開発に取り組んできたのですが、その先祖の言い伝えの中に、あの高野山のお坊さんで修行をした方が二人いたとのこと、そのことが事実であるのかどうか解りませんが、私にとって空海様との特別の縁を感じております。

空海様の御言葉

おはようございます。私は大雪山の龍神様と函館山にお姿をお見せ下さいます龍神様のお声がけにより本日ここに同席いたしました。人として、これから何年日本国のこの地に住まわせていただきますするか、それは解りませんが、どの地にか誕生をいたします。皆様の家庭は皆様の生業の場としては、一生のこれが最後であろうかと思われまする。

本日は、あなた様がどうしても今世で成しとげなければならぬことをお伝え致します。それは、人の道を歩むあなた様がこれから心と魂とで学ぶ必要のあることとでございます。魂と心、共に両輪の輪にて歩まれることをお勧めいたします。またあなた様の今世における魂の仕上げとして現在の御仕事が与えられたものであります。

一年生きて、新しき年を迎える。年を重ねるごとにさまざまな肉体の変化がございます。世の中の為に働き、やがて年老いて六十の年を迎える頃は、何もかも充実した人として迎えることになります。そして肉体を与えられた一生の最後の時を、最後の時と申しますのは、子をいただき、子を育て、六十の年を迎える頃には御子も成長し、自らの生き様をきちんと歩むことのできる御子に成長し、自らを振り返る新たなる肉体を持っての今のことで、区切りを持ち、肉体を持ってこの地に許されたる最後の仕上げにかかります。

そして最後の仕上げにかかる為、その時に日本人として日の丸の中心の朱の色によって、還暦のお祝いをいたします。昔の人々は、六十歳の節目に日本の国のありがたき心をいただき、日本の国に育てていただき、日本の国に感謝の心を抱き、この地上から去る時の準備をなさる為に六十歳の還暦のお祝いをいたしました。この還暦の祝いは、日本国への大きな感謝を表すものでございまして、よくここまで生かされたこと、日本国への誠の感謝の心がなくては、その線を引かれた六十歳の年を越えて良きことはありますまい。

日本の国の為に、いにしえ人は何をなさってまいりましたか。先ずは、伊勢の宮に座をお持ちになる天照皇大神様へのご挨拶から始まります。日本の国に生きることをお許しいただき、次の世代へ日本国を引き継いで参りました。どうか、自らの育てたお子達が、神様からいただきました日本国を引き続きお預かりをいたし、次の世代へとつなぐ為のお手伝いをさせていただきましたとご報告できるような人生を六十歳までに成し得ること、これが、なすべき六十歳の節目の祈りにございまする。

あなた様のお家には、五十歳を越えてからでございましょうか、きちんとした神の座を頂いております。御前に感謝の心にてお祈りを、魂を常に向かい合うその時をお持ちになられて下さいませ。日ごろの神へのご挨拶ですが、あなた様のお家でございましたならば、まずは、天照皇大神のお軸にご挨拶なさり、そしてご先祖様にご挨拶なさり、そしてあなた様のご主人様へご挨拶を、これがお家でなさるあなた様のすべきことです。旅に出られました折も、あなた様のお家に向かい天照皇大神様にご挨拶をなさり、そして昔から隠膳という言葉がありますように、ご主人様に対しご挨拶をなさること、これはあなた様が謙虚な気持ちを常にお持ちになりますれば、一日になすべきご挨拶にございます。ご挨拶が必ずなされますと、ご夫婦共に手を取り合いながらここまで育ててこられました家族、家庭でのあなた様があると思われます。どうあるべきか、よく心から湧き出てくるものがございます。

大きなというのは形ではなく家族の絆でございます。大きなご家庭を築かれ、ご家族がいつも心がひとつにあると、それが日本の国を作り上げていくものでございます。それを心におかなくては日本の国を作り上げていくことはできません。日本の国を世界の他の国々と比較いたしますと、神の国日本は、大切な神の教えをいただきながらその教えが最も伝えられるべき家庭ですが、その家庭の中にその教えが失われてしまったこと、それが悲しむべきことにございます。

最も原点でございます家庭を、あなた様が心から「神様の下にこのようにご家庭をいただきありがとうございます」と、本来日本の家族としてあるべき感謝ができました時、あなた様のお仕事をなさっている方々の前に、堂々と日本国を作り上げるお手伝いをいたしますするのが、私達ですよと、声たからかに神の教えを試みませ。

お話をなさっていく姿、それがあなた様に与えられたなすべきことにございます。ですから、あなた様の誕生祝は、お仕事の場でなすことではなく、当たり前に家族御揃いの中で、まずはお祝いをなさり、お仕事の場では日を改めてなさるが筋でございましょう。それを、凛とした姿で人々にお伝えすることが、また人々を導くあなた様の見せることでもございます。

日本の国は、まだ生きていくことを許された人々、おじい様おばあ様がお元気でいらっしゃるならば、おじい様、おばあ様からその子その孫達へひ孫達へと神からいただきし心を毎日伝えていかねばなりません。神様のお声さえも、特別に神を崇拝し、神の心を伝える物ではなく、日々の生活の中の言葉で伝えられる物でございます。神の心を大切にすることを、自らの姿にて子に伝えることです。親の背中を見て育つということわざのごとく、親の生きる道を子が自らの道に、そしてまたそれを次の代へつなぎ行く、生き行く姿、これが日本の国でございます。

ある時から日本国は、外国の生き方を真似をして参りました。学ぶのではなく、真似でございます。そうではなく、諸外国の人々が、日本を学ぶという形があるべき姿です。しかし、逆になりました。若い人々は、学ぶところさえなく、地に落ちた心となってしまいました。

神様からいただきし暖かな教えを自らの行いにて表すとき、家族はもちろんあなた様のお仕事を通して出会う方々に誠の日本の国の心を学び行くことができます。本当の教えは、神の国日本の素晴らしき神の宇宙再興です。

天照皇大神への感謝を、神の座を作りご家庭で手を合わせることです。またお体が無くなられた方々は、神上がりをなされるという言葉の如く、神様の御下にお帰りになられるという、古き日本の教えをつないでいきますのはなかなかに難しく、人々はこの地上に生まれ死ぬまでその心を持ち続けるはなかなかに大変なことです。

日本に仏教が、仏の教えが降ろされましたのは、神の国、神から許された道でございます。人の神につながりまする道はとても長く、思いはなかなかにつながってまいりませぬ。

何代も何代も続くご先祖様が最も天照皇大神に近き存在にございます。ですから、敬って手を合わせなければなりませぬ。それゆえに心から尊敬したり、敬って日々手を合わせる心の教えを伝えねばなりませんが、どなたも今の若き人は子孫に伝えることができぬ人々となってしまわれました。

天照皇大神とご先祖様の関係がどのようであるか、神は神、仏は仏と、区別をしてしまわれました。また、仏を敬い、仏の道を説く方々でさえもそれを忘れてしまいました。仏の道は人の生きる道と神の道とに分けていらっしゃる。これ自体が、真なる日本国を知らぬということでございます。真なる人の道を教えて差し上げるならば、仏の道である寺のお坊様は先ずこの世から去る儀式をなさる時、天照皇大神様のお札を最上段に置かれ、そして、亡くなられたお体を最も下におかれ、お坊様のお言葉にて天照皇大神様の目線でお導き下さいますようにお祈りなさることが、真なる人の道の最期をお導きになるお坊様の最後のお勤めでございます。

大雪山の龍神様　平成十六年二月十六日　本社にて

使いの者とて、今の社会の中においては右往左往し、誠なる道へどのように歩めばよろしいのか、迷いの道がたくさんございます。その道にたくさんの方々が導かれてまいりますが、また、誠なる神と共に歩く道は迷路のごときものですが、そこを真っすぐに導いて下さいますのが、日本国の旅をされました水の道にございます。

神の道は光なり　光に行きつく為に案内される道は水の道にございまする。

ここに示されましたあなた様のご先祖の御方のお写真、この方は日本の天皇家にご縁をお持ちの方にございまする。すぐそこの洞穴《ほら》の中に祀られし神ではありません。一つ一つ大雪山の龍神、またカラフトに務めを頂いておりまする日本国を守りまする龍神、クナシリの龍神と、あなた様を神は導きに導き、吉内千枝子という名をいただきました。

どうぞこれからはこの地に根づく神の道をしっかりと神と共に歩まれまするよう、お願い申し上げます。

大雪山の龍神様　平成十六年六月二十一日朝七時　札幌マンションにて

続いて大雪山の龍神様の言葉をいただきました。


北海道の北の地に誕生なされ、ここまで努力をなされ多くの人々と共にいらっしゃいますること、S殿の御下に教えをいただき、幸せなあなた様でございます。

宇宙でもこの地球でも、もちろん地球は宇宙の一部でございますが、敢えて解りやすく地球という星の名前を使いますが、そしてその中の日本という国にお生まれになられました。そしてS殿が何をなさる為にこの地上にお生まれになられましたのかご存知だと思います。そしてその中でも数少ない人々が教えを頂いておりますが、そのお一人でいらっしゃいますことに感謝され、勉強の為に、あなた様の魂の仕上げの為に、S殿の御下に行かれ、魂を仕上げていかねばなりませぬ。そしてそれはどなたがなし得ましょうか。

それが即日本国を作ることにございます。今申し上げてきましたこと、それをS殿がなすべきこと、それを実践なさることが努めでございます。S殿は、宇宙の、二度とお目に掛かることのできぬ大変な大根元光源の神様のなさる、日本国にての創造の神様からお許しになられた方です。今宵S殿にお出でいただきましたこの部屋にて、S殿の御下にて教えて頂けることが、あなた様にこうしてお伝えいたしますることは有りがたいことです。どうぞ心に想いを添えましで歩まれますことを願います。

空海様のお言葉を拝聴させていただき誠に有りがたく存じまする。

空海さまは仏の道に使いをなさった方ではございますが、神心を持つお方でございます。空海様からいただきましたるお言葉を、あなた様は人々の前にその生き方でお示しになられ、そしてその心に魅せられし人々を、そして尚かつそれにあなた様のお心に添うて来られる方々をお導きなさいますように。それがまずは出雲への道、伊勢の道と導き下さいまするように。

また、その前には、最も身近にいらっしゃいまするご自分の住まいを許されましたその地を御守りになる氏神様へ手を合わせ、出雲の地、伊勢の地へお出かけ下さい。

しっかりと日本の国を支えるお一人としてのお導き、生き方を、本日知ることがおできになり、ようございました。

家族の絆について～あまみきよ様～　平成十六年六月　S先生宅にて

日本人として過去にはありましたが、今はすっかり忘れられてしまった大切なこととして、家族の絆があります。このことは先祖代々に長きにわたり、戦前までは家庭の歴史の中で親から子へ必ず守られてきたことですが、戦後の教育の中、消えてしまいました。その大事なことを沖縄琉球国土創成の神様あまみきよ様よりいただきましたメッセージです。

どうぞお聞き下さい（先生のお家の中にご兄弟、御姉妹、ほぼ全員がお集まりになっているところで、あまみきよ様よりお言葉がありました）。

あまみきよ様

初めてお目にかかります。あまみきよと申します。このように直接の言葉を皆様と共に、交わしますのは、初めてのことかと存じます。どうぞ、体を楽になさいまして、心の中に深くお留めいただきたくお願い申し上げまする。

この世の中に家族というものを許されますと、先ず一番先に先祖に近く、なんと申し上げますか、じじ様、ばば様、それから、お父様、お母様、その下に御子が続きます。そして、じじ様、ばば様が、この世から去りますと、だんだん皆が年を取り、孫が大きくなり、子孫が続くことを許されてまいります。お父様、お母様のお役目は、子供をあるべき姿までしつけることです。じじ様、ばば様またお父様お母様が、お一人の御子に対しての役割をどのように分担するか、昔の人はきちっとそのことをお守りすることができました。しかし最近の人々は、皆そのことを忘れてしまいました。

まず父母ですが、父として家を守る、それは誰でも致します。人は食べて肉体を維持せねば生きていかれませんので、それをなさる一家の大黒柱たる方は、しっかりと生業として励みます。そして、母様は、大黒柱をさまざまな形で補佐してまいります。補佐するほうも、大黒柱と同じような感じに在ると、子はどの大黒柱に沿っていけば良いのか見分けが付かなくなります。外で働く者も、心は補佐の役をすべきで、また、じじ様、ばば様は、父様、母様に代わり教育をするのが勤めです。

ひとつの家庭を御覧になりましたならば、その勤めの大きさもお解かりになりますでしょう。兄弟でありますと、皆、家から離れそれぞれの家庭をお持ちになりまする。しかし、皆様のご兄弟のお父様、お母様は、どこにお住まいになられますか、きっとさまざまなところにお住まいになられて、自分が父様、母様と呼ばれるお年になりました時、あなた様方はその心を学ぶことができません。形だけでは、心の父様、ばば様を慕う心を下に伝えることができません。

自分の生まれし故郷の家をどなたがお守りになれましょうか。お考えになられたことがありましょうか？

今日この日から、そのことをもっと深く、もっと心からお思いになられました時、主が、どのような役をお持ちであるか、またその方の奥様がどのような役目でいらっしゃるか、お考え下さいませ。じじ様、ばば様が、この世から去ります時に、この世に生を受けてよかったと、最高なる光をもってあの世に行って頂けるか、そこまでお考えになって接することが、じじ様、ばば様への真なる孝行にございます。

昔の人は、助け合うということを知っておりました。今の世では、どんなに家族が、兄弟が多かろうとも、誠の心で助け合うということを忘れてしまいました。

親の魂までもが、子供の行いによって曇るということを皆様ご存知でしたでしょうか。息子、娘とは、親を支えていく存在であります。ですから、罪を犯したる者が、その家に一人出た時、親はどれほど嘆きまするか、どんなに嘆いても、子一人の悪行によって、親は地獄に落ちてまいります。先にいかれます親の魂を曇りなく送り出すこと、それは親の親の親を、ひいてはそれは、神の座へと影響してまいります。神と共にあるということは、親と共にある、ご兄弟が共に助け合う、それは心を寄せねば、協力ということなくしてはできません。

ご自分の故郷の家の畳をはずし、板の間をよく穴の開くほど御覧になってみて下さい。父様、母様がどのような気持ちでこの一軒家をご先祖様から続かせて参りましたか、畳を敷いた上からでは見えぬものがございます。

朽ち果てていく床下。何年かしたら取替えていきまする。畳表は汚れます。切れていくから何年かしたら替えます。しかし、その下にあります床の板はどうか、腐ってはいないか、どうであろうか、と見てみます。その心と同じでございます。伝えてきた子の、家を守るという心がなくば、感謝がなくばどうなるか、それをお解かりになりませぬか。どうぞ皆様で気づいていただきたく思います。

不動明王様　平成十六年九月十八日　自宅にて

さて、この日は、私の仕事関係の大きなイベントがありました。Eさんは、白河に住んでいる女性を、東京のイベントに参加させる目的で初めて呼ばれましたが、夜帰りが遅くなるということで、横浜の私の家に宿泊する為に来ました。初めてお会いする方ですし、私も楽しみにしてお迎えしました。Eさんは、我が家に来ますと、必ず床の間の天照皇大神の掛け軸に挨拶をして下さるのですが、座るなり御不動明王様が、Eさんの口を通して私にお声をかけて下さり、驚きました。そして、思い出したのです。

あの三十年前、この土地に縁を戴いた、悲しくもないのに涙の止まらなかった日のことを。そして、その時お世話をいただきました、今は亡き平岩さんのおじい様の姿を。この方、実は高尾山のとっても位の高きお坊様だったと、後になって人から伺いました。

涙と共に、ご先祖様の見付けて下さいました土地に、七回も足しげく通って下さり、護摩を焚いて清めて下さいました。その平岩さんご自身が不動明王様だったのかもしれません。

では、その時の不動明王様のお言葉をお話ししましょう。

今は亡き平岩様に感謝の想いをあらためて抱きながら……！

不動明王様

この土地を守ります不動明王でございます。一人の老人の魂によってこの家を守ることを約束いたしました。初めてお言葉をお伝えいたしまする。

私の手の先が向いておりますす方向、この方向から神の入口として明けられた門は常に神が出入りをいたしております。こちらの方向からは、自然の力がこの家を取り巻きまする。

遠くに眺めることのできる山々、自然の息吹きと申しまするか……、こちらからこの御掛け軸の方向に向かい私が一礼をいたしまする。そのことから神事が始まりまする。そしてここにおりまするこの観音様に向かいます。観音様の魂は一日中いらっしゃるわけではございません。この観音様は、この家にたくさんのお子が誕生し、お子達を守る為に、母親の魂に寄り添うように月の中、一日だけこの神の座にやって参りまする。

しかしこの観音に縁のある母親が、もし心から手を合わせると、真剣に手を合わせましたならば、それは日々に欠かすことなく訪れるでしょう。子を想う母の姿は、神の心をも動かしまする。そしてこちらから神の気が入ってまいりまする。大雪山の神様は自然の神でございますから、こちらの御窓は、神様の出入口とする窓口になります。このような御掛け軸、これはお外し下さいませ。この方角にあります部屋はお片づけ、整理整頓をお努め下さい。

まず、日々の心のあり方をお伝えいたします。まず、一日の終わりにこの家にお帰りになられましたならば、この御掛け軸の前に一日無事過ごせたことへの感謝のご挨拶をなさり、御子を育てる母親は、子達が無事過ごせたことを感謝のお心にて一日を閉じて下さいませ。このことを、この家のご主人であられます吉内保様、一家の大黒柱であられますこの方は、朝のご挨拶から、一日お休みになります時のご挨拶まで、このことを欠かすことなくなさって下さいますよう。さすれば、私不動明王は孫子の代までこの家をお守りいたしまする。このようなご縁の日を今日お迎えいたしましたが、それは、この家の主人にございます吉内保様の命に関わることだからでございます。まず、不動明王はこの家が建つときにご縁をいただきました。この家が立派にお建ちになりました時より年月の移りますうちに、吉内千枝子様という奥様の魂は、不動明王の神様のお守りにあらず、天照皇大神様の御掛け軸をいただきましたように魂が導かれてまいりました。

そしてそれからどれほどの日々になりますか、それは申し上げることができませんが、先ず十月に入りましたならば、大雪山の神様かまたは北の大地の神様、北極の地にご縁をいただきます神々様が大雪山の龍神様と共に、国後の龍神様、樺太の龍神様の魂をしっかりと導いてまいります。そうなりますと、ご主人様におかれましては、現在この三体の神様の御門の入口に立っていらっしゃる、この御門の御柱に立っているのでしょう。

……龍神の動きの中に引きずられて入ってしまわれまする。この龍神の力は、大きな渦を巻いて動き始めまする。神の動きの中について行くことができなくなってしまうかもしれません。御門に立っていらっしゃいますこの方をご自分の意志にて御門より中に入られ、そして、一つ一つ心から神の前に導いていていただくことを素直な気持ちにてお話なさる、それだけでよろしゅうございます。

素直なる心にてこの御掛け軸の前にて、どうか神様お導き下さいませと祈って下さい。もし対象となる神様がいらっしゃいませんでしたら、この家を守りまする私が常にここにおりまする。朝に夜に、時刻をお決めになられてお祈りして下さい。少々の違いはありましても構いません。また、生業からお戻りになりました時、一度二度この神殿にてどうぞお導き下さいませと、お言葉をお述べになり、不動明王と名を呼んで下さってもよろしゅうございます。

それを、この家におられます時欠かすことなくどうぞお続け下さいませ。このことは、この家の主としてなさいませ。生業の場に行かれること以上にご主人様にとりましては、最も大切な、なさるべき業であるとお伝え下さいませ。さすれば、生業は、ことなきに過ごすことができますことを。

ありがとうございました。失礼致しました。

木花之佐久夜毘売命《このはなさくやひめのみこと》　平成十六年九月十九日朝六時　自宅にて

おはようございます。

本日は北の大地を御守りいたします樺太の龍神、国後の龍神、大雪山の龍神、初めてお目にかかりまする会津の山の自然の神々様をこちらの方向にご案内いたしました（西の方向を指す）。会津磐梯山の神様は、日本国の大地を御守りする為に、其の地に縁がございます。

人々の真摯なる心と真心を天照皇大神様の下にお運びいただき、自然の大地を守り、お心を寄せて下さいまする人々の魂と共に、歩み始めまするその時を迎えることになりました。

吉内保様、吉内千枝子様、本日、日本国の東北の地に、南からの自然の神々様をお迎えになられ、北の大地の神の風をお通しになられる為、福島の会津磐梯山のご自分の地を浄化する必要がありました。吉内千枝子様とおっしゃられます方は、北の大地に生まれ、この日本国のこれからの行く先を守り、先頭にお立ちになり、導く魂でございます。

南は九州鹿児島にご主人様の生家をいただき、北と南に神の縁をいただきまするは、本年十月一日よりの自然の神々の御活動をなさいます、その始めの地に準備を整えていただきまするこことです。

S様と名をいただきまする誠なる神の名は、宇宙大根元光源の神様、平たく申し上げますならば、創造の神様の地上での御代理をなさる神様にございます。その神様にご縁をいただきました。

樺太の神様、知床の神様、大雪山の神様、函館の神様、白神山の神々様、南では阿蘇の神様、桜島の神様、剣山神様、また、大山の神様そして白山の神様、南に参りまして唐木岳の神様、そして最も重要な地高天原山の中央に御守りをいたしまする神々様です。この自然の神々様の中に、白神山の神々様が、会津の地で、血を洗うその地をどうしてもこの度この秋に宇宙の光源神様をお迎えしようといたしまする。会津磐梯山の地を人と自然の神様によって。そこへ縁をいたします吉内保様、吉内千枝子様という御二方の魂をお選びになられました。どうぞ会津の地に詣でて下さいませ。そして皆様方の心からの祈りを城を中心にして下さい。

戦いの為、若くしてこの世から去った人々も会津の地に参りましたなら、よく見えるものが有りましょう。F様、あなた様の誠なる務めは、まだ間に合いまする。

会津磐梯山に手を合わせ、血で血を洗う戦いの跡に立ち、真心なる祈りをなされば、どなたにも清めることができますする。日本の大地を守る為に、人が神と共に歩むことのできる、またはその為に生まれ変わる月を迎えました。

心と共に歩むことのできる心でございます、特別に身支度は必要もなし、普段の身支度にて、特別なる衣服を頭の先から足の先まで御自分の意志を貫くのではなく、血を流された地に立たれ会津の山の龍神様に全てを委ね、どうか日本のお国の為にこの地をどうぞ浄化していただきたく思いまするると、心からお祈りしてみて下さいませ。

皆様、神の存在は、普通、神自ら何もかもことを起こす存在であると思いますが、それは大きな間違いでございまする。この世に人として生まれ、何かものを考え出すということでございます。物事を始める前にまず想うことをいたします、他の生物とは全く異なっています細やかな心を表すことができるのが人でございます。

人々が神と共に歩み出しまするその日を前に、どうぞ吉内千枝子様と共に会津の地に赴かれ、東北の神々様が神と共に歩むことができまするように、しっかりと人としてのお祈りをなさって下さいませ。お解かりになりましたでしょうか。

富士の御山は現在は休火山として、御山の姿は皆様から御覧になられまするると静かな御山のごとくにございますが、やがて火を噴く山へと変わってまいります。

人々の心が神々様と行き通わぬ時は、また、大きな力を持ちて浄化の道へと歩まねばならなくなります。

どうか、人々の心が神と共に歩みますることを、と私は願ってやみません。

S殿はすべてなすべきことを終えました、これよりどれだけ人々が目覚めるかによって浄化への道が左右されて参ります。人々をお導きなされまする御心で御準備いただきとうございます。

吉内保様、千枝子様、かつてこのような大きな御役をいただきましたることは、無きことにございましたでしょう。

神は皆様の知らぬ所にてご準備をさせていただきました。

まずはこの社に、あえてこの家をこの社と申し上げましたが、神は頻繁に出入りをいたします。この家は神のお社のような存在になります。この地を御守りになられました不動明王の御心をお察し下さいませ。

以前にあの一人の方がこの地を清く見ること、それをきよみと申します。なぜこの地を清むることをいたし、高尾山の龍神と共に、なぜこの地を清めて下さいましたか、それをお考え下さい。その時より始まっておりまする。昨夜不動明王様が教えて下さいましたこと、どうぞ、吉内保様へお伝え下さいますようお願い申しあげ、お伝えを終わらせていただきます。失礼をいたしまする。

私のお勤めのはじまり

「神と共に」働いた一回目のお仕事「会津、白虎隊の子供達を救う」
平成十六年九月二八日　白虎隊自決の場所にて

私は、このことがあって日程の調整を致しました。私共の仕事関係の本社が福岡にありまして、その本社の社長との相談があり、私は二七日にその本社に泊まる予定でしたが、翌日二八日その日だけ空いていたのです。お経も知らない、祝詞も知らない私ですので、まず大丈夫なのか、不安な気持ちでお尋ねいたしましたら、全て神が計らうので、その場で心をこめてお祈りをしてほしいとのことでした。お役に立てるのならと、九月二十八日に決定いたしました。

さて、現地に着くまでの間にまたまた不思議な体験をいたしました。

当日朝一番の飛行機で福岡を発ち、東京羽田よりモノレールに乗り、浜松町に着きました。浜松町ではJRに乗り換えて、Eさんとの待ち合わせの時間もありましたので、急ぎエスカレーターに乗りましたところ、エスカレーターの一番下のところに何でしょう、赤い小さな落とし物があることに気が付きました。その赤い小さな物はお守りだったのです。人通りの多いこんな所では誰かに踏まれてしまう……。とっさにそのお守りを拾い上げようとしましたら、その横にビニールで包まれた子供の拳ほどの白いごみも目に入りましたので、ついでと思い拾い上げました。どこか人の通らない所に置いておこうと思ったのですが、そのビニール包みが、お清めの塩であることに気が付き、Eさんに伺ってみようと、東京駅までそのまま持っていくことにいたしました。

東京駅でお会いしたEさんは、早速天の神様と交信をして下さいました。

「これから血で血を洗った汚れた地へ行くので、体の安全の為のお清めの塩を用意いたしました。全て終わり、お帰りになられましたなら、お宅の玄関の前にまいて下さい。お守りは御たきあげて下さい」とのことでした。ご指示の通りにいたしましたことは、もちろんのことでございます。

さて、そのように高い所におられる神様は、何でもおできになるのですね。生きている人間に物を見せてお知らせいただきました一コマでした。

平成十六年九月二八日、東北新幹線は、予定通り白河の駅に到着いたしました。先日のFさん、道案内のFさんの友人、Eさん、そして私の四人で、その日の目の前に起こったさまざまな出来事は、まるでこの世の絵巻物語でした。

白河より会津白虎隊のお墓を祀ってあるところ（飯盛山）までは、確か一時間半くらいの場所だったと思います。この白河という場所は、私にとりましても大変縁の深い場所なのです。私は北海道の生まれですが、私の祖父、祖母の代に山口県から屯田兵として、あの北の大地の開拓者として移住してきたのです。その屯田兵の頃、先祖からの言い伝えとして、会津の白虎隊と戦って亡くなった先祖がいたことが解っていたのです。その頃戦死した人を日本画家が掛け軸の中にその姿を画いていて、命日にそれを床の間に掛けて子孫の方々が集まり冥福を祈っていたわけです。私もその掛け軸を子供の頃見て育ちました。そんな先祖の方の戦った場所へ、大変な御用をいただきながらうかがうわけですから、心境は複雑なものがありました。

公園は高い山の上にありました。山の中央の広場に上り、上って左方向の白虎隊のお墓に向かいましたが、Eさんはこの場所には誰もいないので、子供達の自決した場所へ行きましょう、と広場から反対方向へ道を下っていきました。五十メートル位の所に遠く鶴ヶ城を見渡せる場所がありそこで十三〜十五才の少年達が城を見ながらお殿様を想い自決して行ったとのことで、Eさんにはその苦しんでいる少年達の姿が見える訳ですから大変でした。

その時Eさんの声の中に八体の観音様があらわれ、その子供達が観音の手に乗るように、そして親の所でも、神の所でも好きな所へ行くが良いとの透き通るような観音の声が鳴り響き、約二十分位の間だったでしょうか、あたりは観光客がいませんでしたのに、急に足音が聞こえ、たくさんの観光客でいっぱいになり、無事救い出しの儀式は終わりました。

それの証拠は、帰ろうとした山の上から階段を二、三段下りた所で、雲の上に真っすぐ上にのびている七色の虹を見たのです。あれ、虹が、と言っている四人の目の前で、その虹が丸い玉の姿に変わったのです。全員で大きな声で感動を分かち合いました。

そしてその後、車で移動中、空に次々と長い尾をした龍の姿を見せて下さったのです。色々な形をした龍の姿でした。

その日のあの山の上での光景、また、空いっぱいに見せて下さったあの龍の姿は、いつまでもいつまでも私の目に焼きついたように残っております。

その後、S先生より、会津磐梯山へ最後の御挨拶をして帰るようにと御言葉があり、夕暮近くの磐梯山に向かいEさんが最後の御礼を述べている時、夕日の丘から反対の丘に向かって真っ白な細い龍体が走り、ふとその途中から可愛い生まれたての赤ちゃんの龍の顔を私だけが見ることができました。まるであざらしのごまちゃんと同じような牙のない、目の大きな赤ちゃんでした。まるで生まれたての龍の赤ちゃん、その後この赤ちゃん龍との出逢いが次々と重大な龍神様との出逢いにつながるとは考えてもみなかったことでございます。

いつの間にか夕焼けの空に変わっていましたが、朝から全員何も食べていなかったのに気が付き、おにぎりを食べて、無事一日が終わりました。

この日が私が神様から仰せつかりましたお仕事の第一回目でした。

『天照皇大神』の掛け軸にS先生の光を入れて下さる

この頃、またまたEさんより伊勢神宮への御誘いを受けて、S先生、Eさん、そして私と三名で、一泊二日の旅に出かけました。

内宮への途中に社務所があり、その前で掛け軸を販売していまして、その掛け軸を見ておりましたら、Eさんが私に、その書かれている文字がいいのでは、と勧めてくれました。それで一本を買い求め、それを持ち歩いておりました。

内宮のお参りの時に、EさんがS先生に、「先生にお願いがあります。吉内さんの掛け軸に光を入れてあげていただけませんか」とお願いして下さいました。

S先生は、「あなたはいつも要らないことをする」とEさんにおっしゃりながら、その御軸の入っている木箱を手に、内宮から掛け軸に向かって、「エイ、エイ、エイ」と力強く光を入れて下さいました。

光の見えるEさんには、小さな光の玉が、掛け軸の中に、渦を巻いて入っていくのが見えたといいました。

そんなことのあった伊勢神宮への旅の帰り、我が家に泊っていただきました。翌朝のことです。その掛け軸を床の間にかけていただきました。そして我が家の神殿として仕上げたのでございます。

その夜、私の仕事の関係で、ある新興宗教の方が御見えになる予定がありましたから、今日一日、掛け軸をはずしておこうと思いました。そしてそれをEさんにお願いしました。その旨をEさんが神様に申し上げて下さいました。すると突然Eさんの口から、「なぜそんなことをするのか」という声が聞こえるではありませんか。私は慌てて謝り、掛け軸はそのままにしておきます、と神様に申し上げました。

それ以後、我が家の神殿として、一度も外すことなく、床の間に掛けております。

三筋の光、旅の途中で　平成十七年一月二十六日～二十八日
水俣～なべづる（出水）～鹿児島～福岡移動中にて

生業の関係で、熊本県水俣市で講演をする日が決まりました。それと前後してEさんから連絡があり、S先生もその日に熊本にお泊りになっているので、その夜は、先生のお泊まりいただく旅館に一緒に予約してあるというのです。どうしてS先生がご一緒なのか、と不思議に思いましたが、先生とお会いできるだけでも嬉しいので、とても楽しみに、心待ちにし、先生の旅館をお訪ねしました。

夕食の時に、旅館の仲居さんがつい口を滑らせてしまったことから、明日はなべづるを見に行く為に、S先生が来て下さったのだと解りました。伏せておいた方が何倍も人を喜ばせることができるコツをそこで教わったのでございます。

S先生が、自然の中にいらっしゃる時、子供のように無邪気に、動物たちとまるで一体化しているように思える光景は、何度も拝見しております。この日も、終始笑顔の爽やかなS先生と共に過ごすことのできた私の幸せな気持ちがお解りになりますか。

その日、不思議なことがひとつ起こりました。何千羽のなべづるの中に、たった一羽の丹頂鶴の子供が舞い降りていたのでございます。今までに一度もないことなので、地元の新聞にその記事が載っていました。まるでS先生をお迎えする神々様の計画だったと思います。

そこから鹿児島、そして福岡へと二泊三日の旅が始まりました。

長い旅でしたが、多くの神々様とお会いできた楽しい旅でもございました。

空海様にお会いできたのも、その車中のことでした。

車の中にて、空海様からA子ちゃんの「天使の願い」を高野山の宿坊へ届けてほしいとの申し出があり、私でよろしいですか？　との問いをしました。ぜひ願いたいということになり、その当時、私が御録を頂いておりました二ヶ所のお名前を申し上げました。報恩院様ということになり、高野の宿坊の三カ所に七三冊を御送り致しました。また御住職様が一軒ずつ歩いて各一冊を丁寧に訳をお話し下さりながらお配り下さいました。

観音様の言葉

この光をご覧下さい。天からくだりまする光です。

この光は太陽という星からいただく光でございます。しかし人の目には太陽の光であると思いますが、実は創造の親神様の元より発しています。人々の目に見えぬ光をお見せする為に、太陽という星から発信いたしまする光をもって、神の光を同様にお見せいたしました。この神の光は、命ある生物を生かす為の物質的な目に見える力としての光りではなく、宇宙創造の神様と、地球という星がどのような星であるのかを思い起こしていただく為の光です。

創造の神様の思いを、心を、形に表した星でございます。

創造の神様と命が繋がっておりますこと、元の大神様が親であることを表す為に、先程のような光をお見せいたしました。

吉内千枝子様、S殿と申しますす創造の神様の化身とも言えるこの御方の近くに、今、なぜ御縁を頂いておりまするか、それをしっかりと御考えになり、また、魂でお傍において頂けることが、なぜそのような御縁なのかということを魂にてお感じになって下さい。

いついつまでも、死ぬまでS殿のお傍で教えをいただくような身であってはなりません。このような御近くに御縁をいただくということ、肌身に心と魂と肉体とをお感じになられ、それと三位一体として咀嚼《そしゃく》なさる、その作業を行なって下さいませ。

それをいたさぬゆえに、いつまでも何者かに頼らねばなりませぬ。地球人の最も悪い欠点でございます。

これからの世は、創造の神様がこの地上に御現しになって下さいました唯一の御存在S殿の、このお姿をご自分で腹に納め、そして神の世界、光の次元のことなど、ご自分の行動によって導いて行かねばなりませぬ。

人々が母として、また、社会の中のあなた様の御役として行動をなさって下さいませ。

このようなお近くにおられるあなたがこれをためし得ずば、どなたも、このS殿のお姿が、なぜこの地上に御降臨なさって下さいましたか、その意味は消え去ってしまいまする。

あなた様は、おできになるものをお持ちであればこそあなたの守護人であられる御方が、神と共にという言葉のごとく、その方と共に歩みます。人と神の世界へ誘うのではなく、ご先祖様や近くの氏神様、そのような方が、あなた様の身から光を放つようになりましたならば、その姿に学んでまいります。

今はまだ光が出るということには程遠き魂にございます。しかし人は一瞬にして光を出す魂に変わることができます。先程、光の柱をご覧になられたと思いますが、あなたの許された人生の中で、あの様な光が発信されます。そして天地、そしてこの地球という星が、天、大地、水の世界の三段階の世界を見せられております。天と大地と水という、神の思いのひとつのものが、地上に存在する姿が、すべて止まることなく、宇宙からこの地球の星に循環してまいりまする。

そしその流れを止めているのが人の心でございます。

その流れを元に戻す為にどのような心を持てば宜しいかをお知らせ下さいます方が、人の姿で御降臨なさいましたS殿でございまする。

その御近くにいらっしゃいまするあなた様がそれをお感じになられ、己の体をその真っ只中に置かずしてどなたがなし得ますか。

S殿の周囲にいらっしゃる中で、魂の学びをなさいます方が何名かいらっしゃいますが、すべて雛形でございます。

これから時間にしてどれくらいございましょうか。S殿のお姿に接する中、安穏と過ごすのではなく、今、観音の私が申し上げたこのことをしっかりと御心と魂に御刻みいただき歩まれますことを祈るものでございます。

もし、今回御会いすることが、万が一最後であるとするならば、どれだけ心を引きとめて、この許された時間を過ごされまするか、そのことをお考え下さいませ。細かきことを申し上げれば幾らでもございまする。

しかし、学びの中からご自分でさまざまに考えられ、そして行動に移す時、今から何を感じますか。それを肌でお感じになる、それができ次第に、見えてまいりまする。

以上でございまする。

先程の三すじの光、そして四つ目の光のすべて、天からの言葉を乗せた光でございます。失礼いたしました。

空海様との約束　平成十七年六月四日夜　札幌マンションにて

空海でございまする。

このたびはS殿のお姿をお示しになられました『天使の願い』の御本を、高野の山の心ある僧侶の方にお渡し下さり、誠に有難う存じました。

もし私が肉体を許されるなら、変わらぬことを人々にお伝えしてきたものと思いまする。

私の代わりに心をお寄せいただき、吉内千枝子様、誠に有難う存じました。また、これから、くまなく高野の山を歩かれますこと、そしてまた、あの心優しき僧侶の方に、空海から、心からお礼を申し上げまするとお伝え下さいますように。誠に有難う存じました。

大雪山の龍神様　平成十七年六月四日夜　札幌マンションにて　アフリカ出発前

日本国のS殿にお伝えいただきたく存じます。

宇宙大根元光源の神様が、人間の発祥の地、アフリカの地に参りますと、日本の神々を人の姿にして地球上に降ろされました。人の素《そ》とはどの様な存在でございますでしょうか。アフリカの大地に人の素としての魂を拝見する為に、神の国の日本の人の姿を共にいただき、神と共にある人々を導く為に、アフリカに出かけて下さい。

日本の神々が、まるで神無月の日本のごとく、多くの日本の神々がS殿のお供をし、六月八日から八日間の間、日本の地に神の姿はなくなってしまう程の時を迎えまする。

我々大雪山の龍神は自然の神でございまするが、お供をいたします。日本の日の元の国津神、天津神の神々様の留守をお守りし、これからの日本の行く末をどの様にいたしまするか、お決めになられるその日をお待ち申し上げております。

吉内千枝子様

あなたさまは、北の大地にお生まれになり、S殿の御下に馳せ参じ、神の御用をお許しいただき、M会という団体を率いることをお許しになられました。今ここエジプトの地を訪れまする時、神と共にある人となり、御心に嘘、偽りのなき、真心から神をいとおしむ為に、神からいただきまする大愛なる真心を多くの人々に伝え、神の御心の元に学び、M会という団体を通じ、これからの日本の御国を導く御方の一人でございます。

海王伊志命様を始めとする神々様、また、日本の御国は直接宇宙の神々様が導く時を迎えまする。その時あなた様の下にお集まりになられまする方々、その方々が神と共に示されます二つの聖なる書とも言うべきこの書を通じて、今その神の御心を人々の心に映し、神と共に歩む姿をこの世にお示ししていかなければなりません。深き深き御心を知らずんば、神と共に歩むことは不可能にございます。

エジプトに参りまして、日本国の神の心とどのような人の在り方をお見せいただきまするか、それは八日間が過ぎて、初めてわかることではございまするが、あなた様のおそばに神の心を通してお集まりになる方々に、まず日本の国の誠なる姿をしっかりとお伝えして下さい。日本という国がどれ程に大切な国でございまするか、あなた様のおそばにお集まりなられる方々にお伝え下さい。

また、ご縁のございます方々に大切な心をお伝えすることができまするよう、しっかり大雪山の神々様にお祈りなさり、御心を充分に練られ、これからM会という団体の導き役として存在することになる意義を、この北の大地に縁をいただく方々にまずお示しをなさるようお願いします。そして、神への御自身のしっかりした魂の向き合う心をお持ちいただきたい。そしてエジプトの国よりお帰りになられましたその暁には、大雪山の神々様に、言葉を代えて申し上げまするならば、北の大地の神々、自然の神々様、それはカラフトの龍神様、クナシリの龍神様、それらの神々様の御心は北の大地の神々様と一つになります。

あなた様がなぜクナシリ、カラフトの地においでになられたのかが、今、初めて明かされる時でございます。この団体にあなた様が縁をなさねば、この北の大地の神々様に縁をなすことはありませんでした。肉体をお持ちの吉内千枝子というお人が生業として向き合うこの団体でございますが、また、責任をもってその人々を神々の道へと御導きなさいます大きな役目が七月の七日より始まりまする。

あなた様が、ご自分の魂の故郷に行かれ、どの様な魂であるかをお確かめ下さい。人がこの地上に来る時、命をどの方向にお使いになられますか、をお考え下さい。嘘、偽りの無き優しさをもって、地球と共に、神と共に生き行く方々が、素晴らしき地球に新しい文明を作る為に、しっかりとお働きになられる為に、大雪山の神々は人々と共にありますことを願うものにございまする。どうか北の大地が、日本国の龍の姿の頭として、人々が清らかに素直な御心になられまするように、どうぞ皆様と共に御努力あそばされますようお願い申し上げまする。

六月八日より参られまする宇宙大根元光源の神様のおそばにて無事お帰りなられます様に、お祈り申し上げまする。失礼を致しまする。

大雪山の龍神様　平成十七年六月五日（朝）札幌マンションにて

昨晩の言葉は吉内千枝子様という方が、これからこの国の御為にお働き下さいますことをお伝えさせていただきました。日本国を想うさまざまな人々が、あちこちに、それらの人々の御心によって進められて参りまする。

ただし、天照大御神の御魂を筆頭に揚げ、自然の神々様と共に手をお組みになり進まねばならぬ日本国ですが、それを忘れていらっしゃる方々が多くいらっしゃいます。もちろん、国の御魂は別に存在いたします。その国、その国を支えていらっしゃる地の国魂が存在いたします。そして、その国にも山や川、湖など自然を個々にお守りする龍神様が存在いたします。

神々はS殿の御言葉によって動きまする。

神と心を一つにする御方、そのような魂が、この地上にどれ程お残りになられるか、それは天照大御神のお心一つです。日本の国の地や自然の神々の心を真心から慕い、畏怖の念にて日々生きること、そうでないと、魂のひとつも残ることはなく、大変厳しき世となります。

大雪山の御山も富士山の御山も阿蘇の御山も時を同じくはいたしませんが、火を噴きまする。その時に慌てて心を変えても時は待ちません。一時も早く、人々は自然の神と共に生きる努力をして下さい。神と共にという言葉は、深く気高き、次元の高き言葉にございます。

日本の国は自然の豊かな装いの中に、清らかな水をいただき、その姿は神の姿そのもの。神は内蔵するすべての意志を清らかな物を育くみ伝えてまいりました。日本の水が汚されて参りましたこと、これは神の心をお解りにならぬ人々が多くなりましたことをお示しになられている姿にございます。この日本は世界でも、これ程に清き水を許される国はございません。日本の水は、古き昔より神様からお許しいただいています。日本の水は、人の病をも治してしまうその様な力をいただいています。

この北の大地が、神の気を通すことができぬ地になりましたならば、また、北の海が汚されて参りましたならば、この地球に神の気が通わぬことになります。日本という国は、すべて宇宙から降ろされます神々の中心の地であります。素直な清らかな御心の方々をどうぞお供にお育ちになられませ。時に、宇宙の神々様が、神の国としての日本の存在に終止符を打つ時もあります。

S殿の御姿に常に感謝の御気持ちを持たれますように。それは肉体をお持ちでございますから、なかなかに神のお力としての存在を理解なさるは難しきことかもしれませんが、宇宙の中心の神でいらっしゃいますことをお忘れなきよう、お過ごし下さいませ。失礼いたします。

「種人」　豊玉姫様　平成十八年六月二十日

これからのS殿の下に多くの神々様が集合なさり、進み行くこれからの時を前に、北海道の北の地を巡る一員に加えていただきました。やがて宇宙の神様が己からのお定めいただきました位置に着かれ、それぞれの任務にお就きになられ、日本国の高き尊き神々様の務めの中に日本国の神々は御足を揃えて進ませていただく時をお待ち申し上げ、S殿の高き尊き最高の神様のおそばにご縁をいただきますことは、どれ程の働きをせねばなりませぬか、そのことをみんな解っておりません。

改めて守護いたしますゆえ、縁の深き神に伝えがあるということではなく、これまでの道筋に言《コト》の葉を伝えいただき、今、名を称されて言の葉を伝え行きますれば、自然の時の流れの中に、どれ程にご縁が有りましょうとも、最高の神の御存在は己から縁ある務めを地球の神々のS殿の元に縁をなされました。この者のこの星において、天なる務めは、地球という星に真素直に心合わせて行く人々が、種人として残ることを許され、その人へ、手を差し延べなければならぬことです。己が救われて行くというのではなく、己を整えていくならば、種人に許される人を、神の声にてお誘いをせねばなりませぬ。己が種人として許されぬのならば、それは苦しき務めです。己の御子を救うことができぬという、この地球において最も苦しきことを与えるものにございます。

そこにどれだけ、人の心が気づき合わせて宇宙の動きに心を動かされて参りますか。地球のこれからの運びは、佐渡の山にどんでん山という山がございますが、まさにその名のごとく日本の国の東北の向き、鬼門の方向に向けられてどんでん山、どんでん返しの始まる時に入ってまいります。どんでん返しを受け、地球の地の底に埋められて消えてゆく魂は、神に心を向けず、神の道に反した生き方を選ぶ方々、どんでん返しにあわねばなりません。その地に縁のある人は己からその地を選んで参ります。その者は、人に命を下し、務めを果たし得ることはいたしません。己から気づいて行くのみでございます。

高きエネルギーによって身も心も魂も大きな気づきを戴いて参ります。己の周囲にも大きな波が渦巻いて参ります。どのような方でも神に縁が深ければ深い程、大きな波が生じてまいります。その波にどれ程、地球の思いを持って向かってまいりますか。この時、天の神の思いがどれ程深きに魂に届いておりまするか試される時にございます。人の生きる道、神の心を大切に想い、人の心を大切に想い、人の道にたがうことなく生きていかねばなりません。神の道も人の道も別のものではございません。同じにございます。

ただただ大きな銀河系以上の広き領域をお守りします高き神においては、地球には大変少なき数にございますが、人の動きなど一切構うことなどなく、神とても、消えて行く神が多く見受けられます。

この様な大きな動きを胸にお収め下さい。人間として人として許されぬ人の動きはやがて形に現れ、宇宙の神の契約の中に消されてまいります。人々は会社も奪われ家族も奪われ、家も奪われ、やがて身一つとなり、朽果てて行くのでございます。

そこに気づけば、種人となる可能性もございますでしょうが、すでに遅しという時期であるかもしれません。

まずは人の中に強き神々の思いを持って生きるならば、神の御心の中にたやすく生かされてまいります。人の考える正しき行いではなく、神の計画の中に正しく組み込まれて行く、その心を大切に、人ももちろん、山も川も湖も、神に反する心をお持ちの方々が多く存在する。地も川も海もそこにご縁する。

神の世界よりやがて自然が動き、交代が始まり、神の交代が先で、そして自然が動き、浄化された後、交代された神がそこに許されて降りてまいります。

天変地異とは、天の神がすべて交代し、そして天も地も共鳴し合い、天が動き、地も動き、そして地の神がすべて交代せねばならず、それが天変地異ということだと宇宙の神々様から教えていただきました。

この様な時期でございます。まず神様に心を合わせることを忘れなければ、正しき道が示されてまいります。どうぞ、どの様なことが生じようとも神の道にたがうことなくお進み下さいませ。常に神々様に感謝すること。そうすれば御自分が謙虚になる。謙虚になる姿に神も救われてまいります。以上。

神居古潭にて　平成十八年十二月二十一日

当日神官Eさんを中心として仕事の仲間、計四名で神居古潭を訪れました。この場所は北海道の旭川空港から四十分程の場所にあります。S先生が古代の地球創世の頃、星を創られた神様（天体チリバミ）の神様の封印を解かれた場所でございます。

神居古潭龍神の言葉

私はこの神居古潭をお守りいたします龍神にございます。北の北海道の地は日本の国に住まうことを許された民族アイヌの民によって、最初の神と共に有る生き方を人々にお示しいたしてまいりました。それだけにただ今の大雪山の神々様の御言葉にございました通り、大地の中心に大きな龍神の神々様を頂き、そして創造の神様が宇宙のこの星を作られましたる大変大きな神様を神居の地に封印したままでしたが、数年前に、永き眠りの中から呼び起こして下さいました。それにより、なぜこの神居の地が北の大地に大切な力をいただいておりますかが、見えてまいると思います。そして琉球の大きな神様がこの地にいらっしゃって下さるまで解りませんでした。旭川は、朝日が守り、そして川の流れに神の心を乗せ、一本は南に向かい、本州の地から琉球を通り台湾の地まで、一本は千島列島へ向かう川へ、そしてもう一本は樺太の大地から北極の地へ向かいます。旭川とは三本の宇宙の川を有し、地球に太陽が昇るのを迎えるように旭と言います。夕陽ではなく、朝日の光のエネルギーを頂き、そして神の国を守るという最も中心の地にございます。

もしこの地に生まれた方がおいでになられましたならば、その方はいずれ琉球の創造の神様の御心をお解りになる方で、当然のことながらこの地を多くの方々と共に御守りいたさねばなりません。それは、土地を守り人々の生活を守るという意味ではなく、神々の気が途切れることのなきようその思いを人々と共に忘れ得ぬことであり、その為に、肉体がこの地球に存在を許される間、健やかなる心、健やかなる御体にて、そして神と共に有る魂を御育て頂きたきものにございます。

今、同席の中に北の大地に御生まれになられた方々は、この旭川の地が中心であろうとも、皆同じ役割をお持ちであると思います。どうぞまた、山々に緑の若葉が茂る頃、私の座でございます天体チリバミの神様が何億年の間、封印されておりましたこの岩においで下さいませ。またこの周囲を御守りする神々様と肌に触れ合いながら、人は神と共に、神様は人と共にどれほどの思いで生きていくことができるか、また確認できるかもしれません。

北海道という大地は、冬の間、氷に閉ざされた湖や川、そこには氷によって入ることは拒まれてしまい、そして雪山にも雪や氷を頂き、人もまた入ることはできません。ということは、そこに神々の御心を御止になられ、地を清めて行くというそのような御務めがございます。

ですから、シーンと静まり返った雪山に、シーンと静まり返った氷の湖や海や川に手を合わせ、魂によって自らも清めて行く気持ちにて祈り、魂、心、肉体をひとつにして自然と溶け合って下さいませ。

さまざまな植物の色に染められる春からは緑一色になります。山肌、その中に詣でて、そこに身を置く以上に、雪で真っ白な肌を見せた山々に、川に、湖に手を合わせて行くことが、より己を清めてゆく場であります。

静かに静かに時を刻む自然のあり方、その姿は汚れを知らぬ存在が自然そのものでございます。その自然の姿を、人間は自らの小さな考えの中で壊してまいりました。人間こそ小さな存在でありながら、自然の最も大きな敵であるかもしれません。自然の一部であることを忘れ、自分が生かされてゆく力を自然そのものから頂いているはずなのに、それを忘れ去り、あたかも地球で一番力のあるのが人間であるかのように、ここまで生きてまいりました。

そして平成十九年よりそれが逆転してまいります。生きることを許されぬ人々が多くお出でになられます。そのような方を神は引き留めることはいたしません。

それは人間が作りし巡りでございます。神居古潭のこの光を長い年月守ってまいりましたが、S先生がこの地にお越しいただきましたその時、我らは我らの神々が間違いのない生き方をしてまいりましたこと、認めることができました。それゆえに皆皆様方に本日御越し頂きましたことは、今、申し上げましたように、神とは大変厳しき存在に変わってまいりますことを知っていただく為です。

どうかただ今私が申し上げましたいくつかのことを、頭で考えることでなく、腹に落され、そして人々が全身全霊にて、これからの世にどのような心をもって進みゆきますかを、縁ある人々にお示しいただきたく存じます。

本日はこのような雪の降り積もるこの地に来ていただき、手を御合わせになりましたこと、心より感謝申し上げ、お礼申し上げます。

ご苦労様でした。ありがとうございました。

讀賣新聞

2006年(平成18年)12月20日 水曜日

富士山頂 割れる太陽

東京都東久留米市の梅野武康さん(86)が、日没や日の出の際、富士山の頂で太陽が輝いて見える現象「ダイヤモンド富士」が同時に二つ出現した珍しい場面を、カメラに収めた＝18日午後4時13分撮影＝。撮影場所は、約85㌔離れた西武池袋線東久留米駅の駅舎屋

識者らからの意見聴取会を開いたうえで、来春をめどに最終報告書をまとめる方

が2003年2月に決定した設備投資計画では、04年度までの2年間で福知山線

の費用支出は03年9月まで決定されず、さらに、この際の工程表では翌10月には

たオーバーランの　いて、車掌が運転士　線交信で報告して

大雪山の龍神様の言葉

神居古潭龍神様の後に続いて、大雪山の龍神様の言葉を頂きました。一日前に読売新聞の一面のトップ記事として太陽が2個写っている写真が報道されました。その記事をご覧下さい。

私は大雪山を守ります龍神でございます。S殿の御心決められたる十二月十二日の午前の時、S殿の御声を受けたまわり、よく解りましたとS殿にご報告をお願い申し上げまする。

北の大地は真っ白に化粧し、あたかも神の姿は眠りについたように見えるでしょうが、天の最も高き御心をお持ちの創造の神様がお降りになられていらっしゃいます。この日本の国は眠ることはひと時も許されず、今、まさにこの星の新しき時を迎える為に、まず日本という国を治める為に、自然の神々、また日本という国を治める為に配られた神と共に、世界は一つにまとめられ、人間が住むことを許されたその時から世界は分断され、言葉も違い、そしてどれほどの数に区分けされてまいりましたでしょうか、神と言えども、各地によってしまって心が変わり、大元の神々様にひとつの心を寄せることができなくなり、神の心が変わりますれば、当然のこと、そこに住まう人々が心をひとつにすることが難しくなってまいります。今、もうこの星においては、別れてしまった心をひとつにまとめようとしましても、太陽系の神様さえ難しく、大変な世を迎えてしまいました。

太陽が二つに見えるとは、ひとつの太陽が人々の目に二つ昇るとは、どのようなことでございますか。この星に太陽はひとつにございます。その太陽を人の目に二つに見せられるということは、太陽は分けることのできぬ大きな星にもかかわらず、そこを人の目が二つにしてこの地球に存在してしまうことです。それは二つ以上はいくつに別れても同じことで、ひとつになることは難しいということを表わしております。それゆえに地球という星がこれ以上、人の心にまかせておきましたならば、この星は真っ二つに割れ、ひとつの地球としての存在を保持することができぬ時に至って

その日筆者が撮影した写真

しまったことを表します。この神が示したる事実を、人はどのように受けますするか。その心を計られてまいります。それが年明けこの国の二月四日という暦の上でのこの日より、この力が働いてまいります。二月四日より、地球で初めて新しい国を作り、神をいただき、神の御心を持ってこの星に人々が住まうことを許されるという大切なことを許された日本の国にこの力が働いてまいります。そしてどれほどの期間、人々はその心を神から計られてまいりましょうか。私にもそれは断言することはできません。ただただ人の心が計りにのせられるとお思い下さい。

最も解りやすい言葉であると思います。人は己の肉体のあるべき姿から全てを推し量るようになりました。もしそのお方が自らの肉体がどこから来てどこへ去っていくのか、それを大いなる天の創造の意思により発動されたものが、また大元の発動された大元に帰るということを、よくよく魂、心、肉体の三身に渡って全て御承知の上でありましたならば、その方の御考えは間違いなく神より与えられた一生を貫きとおした上でのことでございますから、間違った力の使い方はなかったでございましょう。

現在のこの星の姿を見ますれば、皆自ら勝手なる御考えにて地球という星にひとつの同じ方向に力を寄せ合うということが不可能と言っていいほどに変わってまいりました。太陽系の天御中主様はこの太陽系を任せられ本日に至っていますが、大変な反省をされていらっしゃいます。

太陽系の最も高き座を頂きます御方のこれ程に反省なさっている姿を私共も見たことはございません。神々様がお困りになっている姿を人はどのように判断いたしますか。今日、この神居古潭の地に御集りになられました方々、雪が積もり重なってまいりました道をここまでおいで下さいましたこと、神居古潭の地に封印されましたる宇宙の神様の魂はここにはございませんが、何億年の間封印されたる想いは常々ここにあるはずにございます。日本の国が誠にこの星の為に働く時、日本の国の形に表されたる龍神の姿、北の大地北海道という地に大きな力を注がぬはずがございません。大雪山のあの山々の地に宇宙から大きな光の証を戴きました。まだこのように雪の降らぬそのことに気が付きましたならば、この星が神と人が心をひとつにしてこの星の為にと申しまするは創造の神の御霊が日本の国に御降臨するということの大変な意味の重さ、それを私共も考えねばならぬ最後の時を迎えました。

この寒さの中をお出で下さいました皆様方、北海道という地から南の琉球の国まで、くまなく神と共に人が歩む道をどうぞお示し下さるよう、そして神と共にあらねば何事も前に進むことのなきことをお解り下さい。平成十九年、二〇〇七年の時からはっきり形に表れてまいります。神と共にある務めを致さねば何事も去っていきます。そしてこの地上から去っていかねばならぬ大変さびしい争いを迎えることになります。新しいことを前に、ここにおられる皆皆様御ひとり御ひとりが間違いない方向へと御進み下さいませすることを願うものにございます。誠にありがとうございました。御苦労さまにございました。

九頭龍《くずりゅう》暴れる　平成十九年六月二六日　箱根九頭龍神社

七十歳の誕生日を迎えようとする十日程前、Eさんからの電話を受けました。Eさんは富士山にご挨拶に行った際、吉内千枝子を六月二六日九頭龍神社にお連れ下さいと、木花佐久夜毘売命《このはなさくやひめのみこと》から伝達があったということでした。九頭龍さまへは船で行く方法もあるそうですが、Eさんは以前行ったことがあり、今日は箱根神社側から歩いて行くことにしました。車はホテルの駐車場にお願いをして、徒歩で三十分位あったように思います。

歩いている途中で朝からの雨もあがり、ちらほら木々の間から太陽の柔らかな日を受け、汗を流しながら現地に着きましたのが、午後一時頃でしたでしょうか。

真っ赤な社の前にて一通りお参りをし、改めて湖に面した所で神様と交信する場所を探しました。湖の中に真っ赤な鳥居が建てられており、ちょうどそのあたりに船着き場があり、そこの艀《はしけ》の上が静かそうなので、二人でその場所に決定しました。静かに前を見つめると、まるで幻想の世界、何か能の舞台を眺めているような、霧のような、ガスのようなその中に静かに赤い鳥居が見えるのですから、厳かななんとも言えない風景……、その時突然風が吹き出し、艀が船をこいでいるように動き出しました。静かな水面が動き出したのです。一瞬地震かと思ったり、津波かと思ったりしました。冷静さを欠くというのは本当に恐ろしいものです。水が渦を巻いて横の岩に当たり、大きな音が恐ろしい程に感じたものでございます。

約二、三分位だと思います。その慌てぶりはおさめたカセットテープの中に入っております。

そのうちに波が静かになり、音も止んで、元の景色に戻ってから、厳かに九頭龍の龍神様の声でお話し下さいました。

九頭龍の神様

我はこの湖の全てを座にいたします九頭龍でご

ざいまする。

はじめてお目にかかりまする。この湖は九頭龍と書くように、龍神の身を清める為に存在することがお分かり頂けると思います。龍神がここに降り立つ時には、まさに今驚かれた如く湖の水を底の水から湖面の水まで全部ひっくり返すほどの大きな波が立ちまする。龍神の目から見ますれば、日本全国にいくつも大きな湖が存在しますが、龍神の身と魂を浄化する為の湖はそう多くはございません。この芦ノ湖は代表的な湖にございます。龍神が降りてまいりますれば、天地を揺るがすほど大きな水も動き、風も動き、山も動きます。それゆえに神の存在をわからぬ人たちは九頭龍が暴れたと間違って、右往左往いたします。

ただいま、この湖、北海道の龍神様、桜島の龍神様、三点を結ぶ大きな動きがございました。よくお分かりいただけたと思います。

さてこれから日本という国には、マグマの力と、天からの浄化の雨と風による大きな自然の動きが始まりまする。琉球の地に大きな神様の御霊をいただき、日本の国から浄化が始まります。人が何と言おうと言い訳のできぬ時を迎えてまいります。その時、人は過去を振り返り、ああすればよかった、こうすればよかったと、己の我の心で生きてきた過去を反省をしても、すでに遅し。九頭龍の神はこの国の為に働く魂を洗ってまいります。

清らかに清まってゆくまでに参りますかどうかわかりませぬが、今から七月の月に入りますれば、夏盛んになる季節に向かって洗ってまいります。荒行をせねばなりません。神も己の魂を洗ってかからねば浄化の時期に間に合わなくなります。

吉内千枝子と名をいただく者、まず北海道の北の地にそびえ立つ大雪山の龍神、南の国桜島の龍神、なぜに北と南から寄せられて夫婦になりましたか、今日この日に九頭龍の前に参って初めてわかることであろうと思う。南北の龍神とわが姿を清めることを許された芦ノ湖の龍神は、どのような時代に遭遇しようとも、神と共に歩むことをお決めになられて下さることができまするか。さすればあなた様のこれからの進みゆく人生に力が生まれてまいります。それから桜島の地に向かわれました時、しっかりとその心をお伝え下さいませ。九頭龍はここに心をこめて参られた人々と共に世の為に働きまする。九頭龍の大きな力を信じて、どうぞ日本の人の為に多くの人の為に、お働きなさいますよう。ようこそ今日はお参りなさいました。

大雪山の龍神にございます。山から湖へ降りてまいりました。

これからは山を守る龍神、海を守る龍神、湖の大きな力をお持ちになられる龍神、人々がみな神と共に歩むように、龍神も一代の龍神、山々を守る龍神、川を、海を、湖を守る龍神、皆が一つに手を取って歩み始める。それは、太古の昔から言われるように、自然界を守る為の力を、大きく増していかなければいけない、ゆえにそのような状況を迎えてまいります。龍神のこれから仕掛けてまいります浄化を信じていかなければいけません。信じて神と共に歩んだ時に大きな人としての勤めが許されてまいります。

人の知恵、人の心、人の魂だけでは決してこの地球を元に戻すことはできませぬことをあなた様の周囲の方々にしっかりとお伝え下さいませ。人のお体でございますから楽しみがあって良し、また、悲しむ時もありましょう、苦しむ時もありましょう。神とても同じ心にございます。人の心を、心を一つにしていく時、祭りの時のように、神とても楽しく皆の喜ぶ姿を見ていたきものでございます。

桜島の龍神にございます。

南の地に火を噴く山の鹿児島県南の海の中にいただく龍神の座です、日本国の火山の多きは、山を、自然界を守る為の龍神の座にございます。日本という国は神の国です。ただたんに火を噴く火山の島、火山が存在するのではなく、神がそこにいることを知らしめる為に、神の座であることを存在する証を、人々にお解りいただく為に、自然のさまざまな現象があることをしっかりと腹におさめていただきたく思います。先ほど九頭龍の龍神様が申されたとおり、言い訳のきかぬ時を迎えなくてはなりません。その時期は目前にございます。神も言い訳をしておられぬ時、どうぞしっかりと心に止め、お帰りいただきとう存じます。あなたはなぜ鹿児島のおのこを夫に迎えねばなりませんでしたか、今日よくお解りいただけたと思います。失礼をいたしました。

蝶々　平成十九年七月二六日　虹の里にて

明日はS殿が宮古島へご一緒して下さるとのこと。

前日、沖縄虹の里での庭でテーブルを囲み、お茶の時でした。

羽を広げると約十センチ位はある蝶の死骸が目に止まり、羽の色が何色か思い出せませんが、あまり美しかったので、思わずブローチにして胸に飾りたく思ったので、ついその思いを口に出してしまいました。早速Eさんの口を通じてその蝶からメッセージが降りてきました。

蝶のメッセージ

誰でございますか。力が色となり匂いとなり形となりさまざまな親神様の心を表しております。私もその一つでございました。悲しいです。私の姿を胸に飾ってなどと申す方。どなたでございますか。

自然のあるべき姿は、神様より命をいただき、そして神様の許す限られた時間を精一杯生きて、そして上に還して下さいます。私は今日この日になぜここに屍としてこうしておりますのか、どうぞ自然の中には命、それにはさまざまな匂いがあり、姿、形、力、人間の体と私の体となんら変わらぬものでございます。死んだ命の体を人様の前に恥ずかしゅうございます。

どうぞお察し下さい。美しいものが美しさを精一杯生きてのみ、上に還して下さいます。人間の本当の美しさはどのような美しさでございますか。

山も地も動物も、皆が助け合って生きていくこと、これを言葉にしてお伝えすることができてうれしかったです。

S先生と一緒に宮古島への日帰り旅　平成十九年七月二七日

豊玉姫様からお聞きしました私の天命について、S先生が一度宮古島へお出で下さることになり、那覇から宮古島まで同行して下さいました。

沖縄発朝八時、宮古島へ向かいました。

着くなり先生は「宮古島に何回来たの？」と聞かれました。私は「五回です」と答えますと、「周りの景色は見たの？」と聞かれましたので「忙しくてまだどこにも行っておりません」と答えました。先生は何も言わず次々と宮古島周辺の観光地を案内して下さいました。

しかし、急に無口になられた先生を見て私は大変なことに気づきました。それは自然を元に戻す運動として宮古島に入ってきているのに、仕事が忙しく、神様より戴いた自然をろくに見ていないこと、それを気遣って下さった先生の優しさが心にしみた、と同時に反省の一日でした。

宮古島の海を急ぎ一周して下さり、次の伊良部島への船着場に向かい、船で約十五分ほどで伊良部の島へと到着いたしました。そこは、それはそれは本当に神様がお作り下さったもので、海の色にただただ驚くばかりでございました。

伊良部飛行機訓練場の場所でメッセージを戴くことになるのですが、はじめに地球創成の時、海をお創りになられました海の主様がお出になられました。風が強く声が聞き取れませんでした。でもここの水の色が、神が地球上に創った最高の色ですよと教えて頂きました。

次のメッセージは、大神島の神様から頂きました。

大神島の神様　平成十九年七月二七日　伊良部島にて

本日、S殿に御挨拶する機会をいただき誠に嬉しい思いをいたしました。大神島をお守りします、また宮古の地をお守りします龍神にございます。

今宮古の人々は、日々何事もなく日が昇り日が暮れてまいりますことを何の感謝の心もなく過ごしてございます。宮古の島はこの世界の中心の島でありますことを、長い間ご先祖の方々そのような意識でこの島を見ることができなかったのでございましょう。

私は大神島をお守りする段で、宮古という島が未だ人の住まう姿がちらほらと真に少ない頃より、

大神島という島をお守りしてまいりました。その頃は宮古島本島には人々の姿が見られましたが大神島は無人の島でございました。
宮古という島は、目の前に立派な宮をいただき、そこに神様がお住まいになられ、宮に向かい神様の座としてお参りするのが宮と意識づけられております。ですから宮古島そのものが宮であると申しましても、「そんな伝説はどこにもない、そんなことは先祖から聞いたこともない」と島民の方は言われます。その宮古の島が宮であるということを忘れるということは、神の意識を人々が忘れてしまったということになります。
宮古の地は神の心の中にありますことを忘れ去り、人々の欲の渦巻く島に変わってまいりました。欲が欲を呼び、その欲が消えて残った欲がまた欲を呼び、この地は地球上の欲によって育てられる人間の最果ての地とでも呼びましょうか。

今現在、文明の中心の地からしますれば、宮古とは最果ての地と言えるような場所でございます。二十一世紀、これからの時代は二十世紀の人々の考えた次元とは訳が違います。人々の今の常識では考えられぬエネルギーがこれからこの地球に渦巻いて参ります。誠の魂の次元が変わってまいります。親神様がこの地球の星のふさわしい色に染められたものでございまして、人の考え方で創られたものはひとつもございません。だから創造の神様が与えて下さいましたものが、人間の能力では作れぬ自然のものであるといたしますれば、やはり二十一世紀は、親神様の大掃除の段になります。それは、創造の神様の御心の中にございます。次元の高さとは親神様の御心に通じる思いでございます。

ですから、人間の一般の常識と神の御定めになります常識とはそこにずれがあります。神の常識からこの宮古という土地を見てまいりましたなら、一般の人間の常識は必要のない島でございます。神の常識で浄化しますれば人口も少なくなり、また経済の発展も大変冷えて参りましょう。しかしそこから生まれる神の常識が大切なのでございます。この神の常識がこの宮古の地に根づいていかねば、真の海の主様の支えてまいりましたる宮古の地は海の藻屑と消えて参りましょう。

ただ大神島は平気でございます。この島は凛としている島にございます。私は大神島の凛とした聖域をお守りする為にここに置いていただいて参りましたことが、今あなた様とお会いして間違っていなかった……。これまでこの島に人々の常識を入れずに参りましたことに初めて気づくことができました。ありがとう存じます。

人々の常識がもっと通用せぬ時が間近にまいります。神の常識とは厳しいもの、しかしその常識を踏まえて歩む必要がやってまいります。

親神様が新しき姫神様を伴って浄化を決行なさいます。その時は神の常識が表に出されてまいるのではないかと、本日のお話を伺いました。私の思いは間違いではなかったということに気づくことができました。ありがとうございました。

その後、昔から龍宮城の入口と伝えがあります、通り池と呼ばれる二つの池を見せていただきました。数年前に先生はこの池で黄金の蛇を見たそうですが、正に龍の姿を感じたそうです。急ぎ廻れば一時間くらいで一周できる程の小さな島ですが、竜宮城を海底に秘めた、夢の中での一瞬のようにあっという間の伊良部島の旅でございました。

いつもそうですが先生と御一緒の時、自然が動きます。

船が出港し間もなく、船室にいらした先生が、「雨が降り出したので虹が出るのかな」と私に言われました。急いで甲板に上がって周りの様子を見ていましたら、どんどん伊良部の島から離れていくわけですが、はじめ周りの雲がピラミッドのように伊良部の島全体に集まりだしたのです。丁度夕日が輝きだした時間でした。

なんと、島全体にかかった雲が山となり頂上の煙が吹き出し、その合間から夕日がのぞき、山の爆発の姿でした。

わずか十分くらいの時間の出来事です。
いつも先生と一緒にいますと、自然が動き出すのでございます。
宮古島へ戻りますと、那覇行きの最終便まで少し時間があると見た先生は、もう一ヶ所廻れるかな……、と島の反対側にあります古井戸へ向かって下さいました。
S先生が、十年ほど前には水はコンコンと湧いていたよ、とおっしゃったその井戸の中は、既にガスが発生していて臭く、暗い階段を下りながら、井戸の底はほとんど水が枯れている中で声がしてきました。それは聞き取ることのできぬほどの小さな声でしたが、お聞き下さい。

古井戸の中の神様の声（宮古島）

古くから住み着いた人の宝の水でございました。私はこの水の龍神にございます。今は形のみ現れておりますが、古来より人々は、この宮古の地に水を大切に大切に頂いてまいりました。神の頂きより湧き出す水が引いてしまいましたのは、人の営みが変わったからでございます。この島は人の手が加えられる程に地形が変わってまいりました。

どうぞ天の神様に祈りをしっかりすること、真心からすることが、この島に住み着きゆく為に、最も必要なことにございます。

光をお持ちになり、ここに参られて下さいました方にお礼を申し上げまする。


色々あった一日、夜七時出発の先生をお見送りしました。

豊玉姫様（宮古島について）平成十九年六月十三日　虹の里にて

吉内千枝子様、一言、あなた様の真なる努めと心構えを申し上げます。最後の仕上げとも申しましょうが、あなたは六十の年をここまで歩いてまいりました。そして私が御縁を与え、S殿の御前にともにお努めを願う方として時に大きく導いて参りました。

鵜戸神宮の宮に参られ手を合せ、そして海に川に、そして人々の住む世界の水という水に関わるお勤めをなさり、良き神のご加護もあり、ここまで進み参りましたることは、時には迷い、時には間違いもあり、そして人として最高の導きの師にご縁をいただき、今日のこの日まで無事こられましたことは、この先がございますゆえの今日でございます。

まず宮古という島はどのような島でございますか。

宮古の海は、この地球という星の中で海を創りまするとき、最も先頭に立って創造の神様のご意志をお受けになられ、全てを築きあげられました。海の主の神と仰せられます大きな神様が座をいただいているところにございます。

海をお守りになられます神様は海から命が陸に上がります前に、この地球がすべて海でございますその時に、やがて陸になりまするそのエネルギーの力全てを清め、そして大地へと変化していきました。海の神様は、それほど大きな力をお持ちになられまする存在でございます。陸地であるからと申して陸地を守る神のみ崇拝しておりますれば大変片手落ちの祈りです。また、しかしそのような心で生業を努めてまいりましたら、またこれは調和を崩し神様より許されぬ存在となります。それがこれまで生きてきた宮古島でございます。

宮古島は祈りが先の地神優先の地ですが、それをどなたがはずしてまいりましたか。人間の欲で染めた宮古島に変えてまいりましたからこそ、祈りを知らぬ欲の色で染めてしまわれた人たちによって汚されてしまいました今、地海の主に祈りを捧げ、宮古の島に眠り続ける地下水をお守りし続ける必要があるのです。

また海の主とは異なりまする大きな水の神のその祈りがなくては、あなた様は大きな失敗をいたします。今のままの姿では、何度も繰り返して宮古島に降りたった人々の欲の中に埋もれてまいります。海の主に祈りを捧げて、宮古の地下に眠り続ける地下水の存在、またそれをお守りいたします水の神のご存在、この御二柱の大きな神様のお許しがあって初めて宮古での水の仕事がはじまります。

周囲を埋め尽くす珊瑚、または砂のサラサラとした、神様のお体と思わせるような岩肌や砂地、自然そのものの姿、神そのものの姿を汚してまいりました。その主は人間の欲にございます。宮古の島に生かされ宮古の長い歴史を通して作り上げました文化はこわされつつあります。世界のあり方、世界の人々の交流のすさまじさによってありとあらゆるその地域の民族性がこわされ、その地域の良さは崩れ、先祖より伝えられしものも壊され、この地球の南に南の国の神様がつくりし良き国があり、赤道直下で熱く生きていくのに大変難しい場もありますが、しかしそこにも神のあらわれがあり、その神によって創られました文明もあり、北の凍りつくような寒さの中に人を生かし続けて、人とともにあった神がありましたが、これらを全て壊したのが人間の欲にございます。

この人間の欲を外すことのみにて地球はもとに戻ります。今人々に何を訴え、神がなすべきことを神自身がわからなくなってしまった。

人の心がすさみ、人としての脳が働かなくなったことと同じく、神にもその様な神がございます。そのような神に支持をされ指導されていきますれば、人もまた神からの声であるからとその通りに動いていきますと、創造の神様の領地から外れた行動に移り、神共々消えて参らねばならず、大変悲惨な状態が各国々に起きてまいります。正しい人としての生活をしている様に一見、見える人々でも、この地球を汚す人々が正しき神に導かれているとは思えません。荒い言葉の中にも、人々は正しい行動であることと間違い無きことととを選び、それを欲の神であったと気づけば良し、気づかなければ人の世から外されてまいります。

この地は、やがて大きな試練を神も人も受けるときが参ります。その時初めて気づくかもしれません。それで気づけばよし、それでも気づかず溺れていきますのが今の人々です。まず宮古の地に立たれましたとき、海の主の御存在を心の中にしっかりとお持ちになられ、地下の水を守る神々様に手を合せ、充分なるお祈りをなさって下さい。

吉内千枝子様、S殿の御縁をいただきましたことが、どのような計画の、なんの為に御縁をいただきましたのか、しっかりと今一度深くお考えになりますことを心より願います。大きな間違いではございませんが、今一つ深くお考えになられますことがあなた様に問うところでございます。

宮古の島は宮古島の人々が神に手を合わせることをせねば消えてまいります。宮古に住む人々が、宮古で生まれ宮古で育って参りました人々が真剣に神に祈ることをせねば宮古の地は消えていきます。

吉内千枝子様、あなたにそのお力を神が下さるのであれば、その思いを宮古のいずこかに根付かせていくことがあなたの最大のなすべきお勤めであるかもしれません。物やお金で宮古の地は守ることはできません。一時しのぎなのでは神は許すことの無きものだと思って下さい。またあなたの持ち合わせているその心と物が、人々の心になにか気づくことを与えるかもしれません。そこをしっかりとよく吟味なさり、お伝えになられますことを。ありがとうございました。

「巻物」　天照大神様　平成十九年九月二日　虹の里

四月十五日の大神様の御祈りの心をいただき、心からお詫びを申し上げます。この日本の国はやがて宇宙の神様が地球という星をお守りなさいます為、この国の人々の中には、魂の消えゆく方も大勢出てまいりまする。そのことを、宇宙の高き神々様はあなた様の祈りの後にお見せ下さいました。日本の神々様のあるべき姿を事細かにお示し下さいました。これをまた日本以外のお国の神様には、このように目に見えるようにしっかりと御見せいただきますることはなく、日本の神々様にはしっかりとお見せ下さったのでございます。

なぜ日本の国に御降臨下さいましたか、それをお示し下さいますこと、神の姿をいただきまして私共が心の準備と共に、神としての自覚を持つべきと改めて教えられし時、その心をどのように伝えますか、そのことが日本の神としての私共の勤めであることを話しました。

となりのこの御方のことで少しお伝えいたしたいと思いまするが、お持ちになる筒の中に、観音様の姿をなさいましたご存在がございます。それは、書かれました巻物です。これをお持ちになりましたる神様は、北の大地に座をいただきまする龍神様が、観音のお姿でお持ち下さいましたるお言葉でございました。

書かれていますす文字は、神代の時代に示されました御言葉にございましょう。その言葉はこの方にお示しになる御言葉ではなく、この国の多くの方々に対しての御言葉にございます。

『自然の神と自然をお守りになる人を守る神とは一つになり、日本国に、秘密の中の秘密として、ある時大元の神様が降り立たれるその時が参りました。ならば人はこの大神様のご存在を人の姿として現されし時、人々はこの星に存在してどなたも見ることのなき、どなたも身に覚えもなき、何万年この地上を守りし自然の神も、人々の崇拝する神も、遭遇することのなき天地の浄化の姿を見ることになります。

また神は、この神の名とは宇宙の大元の神全てを御造りなられましたる神、その神に一輪の救い、その言葉を見る神も、見ることのできる人もあり、そはこの世にご覧になることのなき徳を得んとす。その徳を得た者、神一輪の救いを得たものは、宇宙の偉大なる姿を見ることになる。宇宙の偉大なる力を魂に刻むことになり、やがてはこの星の、やがてはこの日本国に、彼の地に種人として残る神なり、種人として残る人なり』

以上の言葉が記された巻物でございました。

そしてこの方も、大親神様のお姿を見せられし時、この日本国に人の為に徳を積むことを許されたる御方であると思われまする。私は今日のこの日より、人々の在り様につきましてはあなた様にはお導き下さいませと申し上げることはできません。

ただ人は、あなた様が心をつくしお伝え下さいましたる「天使の願い」という御本、そしてあなた様のことをはじめて世にお伝え下さいましたる「目覚め」という御本、これから先の人の在り方を書いた「神とともに」という言葉を世にお出し下さいました御本等々、あなた様のことを記されましたるそれぞれを通し、すでにお心をお伝えいただいております。そのお心にご縁がございます方々に人の生き方を教えて下さいました。

それぞれの御本の中に、どのように人々が、国の為、この日本の為に働きまするか、また神として徳を積むということは、人に指図されて、あるいは神に指図されて行うものではなく、また指図されて行うことは徳にあらず。またこの神と心を通じ合わせた時、どのようなことを実践して参りますか。そのことは親神様の、あなた様の徳を積んだことと見ていただくことができます。八月十五日のあなた様の御祈りを見せていただき私共はこのような思いに至りました。

南の島の龍神様との出逢い　平成二〇年八月十七日

宿泊した宿のご主人様が夕食の時「明日朝、神聖な場所に案内しましょう」と言い出したのです。私とK氏は瞳を輝かせました。

朝六時三〇分集合。その日は月食だったことを後で知りました。よもやこんなことが起こるなんて想像さえしない大変な一日の始まりでした。確かにこの年のこの日、部分月食が起こっていますが、この時間には見られるはずがないのに、それでも月食のような空を眺め、何か神様から導かれるような予感を感じていました。

約束の時間を少し過ぎて宿より車で出発しました。四十五分くらい車で走らせたでしょうか、静かな山の中にその場所がありました。

出向いたメンバーは私とK氏、メーカーの研究室の博士とメーカーの社員。そして宿のご主人と若い従業員の総勢六名でした。

N所は昔から龍が生まれると言い伝えられる場所として、島の人々は恐れ、敬い、近寄らない所でございます。しかし、何も知らない私とK氏は、導かれるままにN所への険しい道を進んでまいりました。

まずは火の神様にご挨拶ということで、珊瑚の岩肌を登り、水、塩、酒を祀り、心を清め祈りました。そして、またゴツゴツとした岩肌を足の裏に感じながら、K氏に支えられながら岩肌を降りてまいりました。すると、宿のご主人が「あの高い岩の小さな穴によじ登りそこに入ることができますか」と私に聞きました。その指さした所は、二メートルほど高い岩穴でした。私は何のためらいもなくうなずいておりました。

まずはK氏が登り、私に手を差し伸べます。そして私もその岩を登ると穴は本当に小さく、体の向きを変え、足から入らなければなりません。なんとか向きを変えていると下にいる宿のご主人が大きな声で「そこは龍の産道ですよ」と申したのでございます。

私の体がやっと通れる穴は少し曲がりくねり、足を踏み外せば大怪我を予感させます。ゆっくりゆっくりその険しい産道を降りると、畳一畳位の場所に降り立ちました。すると目の前に大きな池が目に飛び込んでまいりました。直径五メートルくらいの池です。池に降りるにはまた垂直な岩を一・五メートルほど降りなければなりません。しかし、不思議なくらい降りられるように思えたのでございます。やはりK氏が先にその池に降りると「足場がありますよ」と申します。私も恐る恐るゆっくりと足で岩場を探すと、不思議なことに足先が岩に導かれます。気がつくとその垂直の岩を降りきることができたのでございます。

池の水は冷たく身が締まる思いです。宿のご主人がその池のずっと上から顔をのぞき込み私に声をかけます。「その左上に見えるのが水の神様ですよ」と。左上を見ると龍の顔をした岩が目に飛び込んでまいりました。その水の神様に手を合わせ池に身を委ねました。

池の水は塩水でした。ご主人がまた声をかけてきます。「その池を七周して下さい」と。私は、泳ぎが不得意なので、まわるのではなく向こう岸までを行ったり来たりします。K氏はトライアスロンの選手でもあるのでこの池を七周回泳ぎ始めました。

さて、泳ぎ終わり、それが水の神様へのご挨拶です。その時、K氏がこの水の神様の下の水を持ち帰りたいと申しました。たまたま持っていたペットボトルのフタを開け、水をくもうとしたその時、そのフタを水面に落としてしまいました。K氏は驚き「フタを落としちゃった」と叫んだのです。そのフタは落ちるなり深い深い水の底に沈んでいきました。K氏は諦めたように「この水は持ち帰ったらダメのようですね」と言いました。けれども私には、かすかに沈んだフタが見えるのです。あとで考えましたが、ペットボトルのフタ？　あの軽いフタが沈んだ……？　しばらくすると、目の前にそのフタがポンと飛び出してきたのです。まるで神様が何かを見せて下さったようです。

すると、静かだった水面が急に波立ち始めたのです。大きく波が立ち岩壁にしがみつく程です。K氏も慌てて私の近くに寄ってまいりました。後にその時その光景をメーカーの博士が撮った写真ができ上がってまいりました。上の写真でございます。なんと私の体が龍神様に巻かれているのが……！　変化のないただの水でしたのに、解りますか？　次の写真で私が羊水のようなブルーの水を抱いているのが見えますか？

この羊水がなんと二カ月後、北海道網走の空の上で赤ちゃんとして誕生して下さったのでございます。

網走空港にて　平成二十年十月十日

さて舞台は北海道へ飛びます。平成二〇年一

羊水を抱いている著者

○月一〇日のことです。

北海道網走空港に仲間の応援に入りました。空港に出迎えてくれた友人と挨拶をする間もなく、暖かい優しい太陽を感じ、空を見上げると、太陽の周りに円を描いて虹が掛かっておりました。その前後になにかあると感じ、急いで写真を撮っていただきました。なんと可愛い龍の赤ちゃんです。牙が二〜三本、ツノが無くて、アザラシのタマちゃんのよう！！　どこかで過去に見たお顔。あっ……そうです。あの四年前、平成十六年九月二十八日、木花佐久夜姫様の命で初めて神様のお仕事を頼まれ、白虎隊の子どもたちを助けに行きその日の最後に会津磐梯山の夕日の中で私だけが見せていただいた生まれたての赤ちゃんのお顔……思い出しました。

2008.10.10 09:

茨城県つくば学園都市　平成二十一年二月二十五日

都内高速道路で走りながら撮影しました。

翌年の二月に入ってから急に足に変調をきたし、四時間位の睡眠であれだけ元気に全国を駆け回り、まるで疲れ知らずの私が、歩くことを阻止されてしまいました。何か理由があるはず、そう思いました。そのおかげ様にて自分の運転ではなく、友人が車を出してくれました。戻りの高速道路で都内に入りました。ちょうどその時です、夕陽がビルの谷間に沈みかけていた頃、空一杯に広がった二つの大きな龍体のような形の雲が目に飛び込んできました。慌ててカメラで撮った数枚の写真です。ちょうど夕日を口にくわえた見事な龍のお姿、あの南の島で出逢った龍神様より約六カ月で大人の龍としてこの世に誕生して下さいました。

最後に知らなかったこととは言いながら、神様の神聖な場所に汚れた体で侵入した罪は重いものでございます。私にも家族にも大変なことが起こってしまいました。

最近、パワースポットとかいうことで面白半分にそのような場所を探し求めているようですが、幸せは決してそのような場所にはないことをお悟り下さい。

2009 02 25

ににぎのみこと様との出会い

私のたくさんのご指導をいただく神様に、ににぎのみこと様との出会いがございます。平成二年六月、病に伏しておりました私にある水との出会いがあり、そこから奇跡的な回復をいたしまして、その時より現在までその水を生業として取り組んでまいりました。Mという団体につきましては、何度もににぎのみこと様より啓示を受け信じてやってまいりました。しかし、その生業としている団体の運営があまりにもうまくいかず難航していました。平成二十一年七月のある日、私の自宅の近くに氏神様があり、その社《やしろ》の反対側に富士山が見える場所があり、時々、朝のお参りに行くのですが、あまりの苦しさにその日の朝こんなことを思っていました。ににぎのみこと様、あの私に下さったメッセージは本当だったのでしょうか？　あまりにも辛いことが多く……、富士山に向かい苦しさを申し上げましたとき、ふっと気がつくと隣に並んで誰かが手を合わせている……。ランニング姿のおじいさんが「なんじゃ、今日の富士山、頭がとんがっているぞ」と言うなり、そのまま駈けて行ってしまいました。あっという間の出来事でした。

ちょうどそのとき、私はカメラを持っておりましたので急いで写しておきました。確かにいつもの富士山ではなく山の頂上におだんごを重ねたように山がとんがって映ったのでございます。後でこれがににぎのみこと様からの合図であることが解って行くのですが……。先に進みましょうね。

さてそれより遡ること五カ月後、平成二十一年十二月十九日のことです。
前日、生業のことで大変嬉しいお知らせが届き、朝、どうしてもににぎのみこと様にご報告をさせていただきたく富士山に行こうと思いました。主人を誘いましたが、結局私一人で行くことになり「これから行ってまいりますね」と主人に挨拶をしました。すると主人の座っている頭の上のJALのカレンダーが目に入りました。十二月のその一ページの写真ですが、なんと今から出かけるのに、雪の富士山の黒い雲の中に、金色の龍の姿が描かれていました。それが目に飛び込んできたのでございます。出かけるところに不思議……、と思いましたが、それは葛飾北斎の描いた日本画です。その時はそれ以上のことを考えずに出かけたのですが、よもやこの光景が富士山に登って見られるとは想像もしておりませんでした。
大涌谷に登り、真正面に富士山を見て手を合わせましたら、まるで嘘のように雲が集まりだしたのでございます。

3
14
21
28
5
JA

あっという間の出来事でした。一度のシャッターでは写せませんでしたから、二枚あわせてお見せします。それくらい大きな見事な龍神様でした。その龍体は静かに富士山に身を委ねるように横になり、何と最後に山頂の雲は見事に三角形の山のとんがりを私に見せて下さいました。アッ……、ににぎのみこと様だと思いました。それがににぎのみこと様の合図だからです。

その後、鹿児島県川内市にありますににぎのみこと様、木花佐久夜毘売命の御二人を祀ってあります新田神宮へも夫婦揃ってお参りさせていただきました。

毛虫空に舞う札幌　札幌神宮での一日　平成二十二年六月十三日

不思議な一日でした。今ではそれは夢なのか幻なのかわかりませんが、確かに私の身に起こった現実のことです。そのお話をいたします。

仕事の関係で月一度は北海道に応援に行くのですが、滞在の間必ず一度は札幌神宮への御参りを欠かさないように心掛けておりました。しかし、その日はいつもの御参りとは少し違いまして、一冊の大切な本を手にして出掛けたのでございます。最初のページでご紹介した先生の末娘、A子ちゃんの「天使の願い」の御本でございます。

札幌神宮の神様に、また働いている人々に是非、読んでいただきたい本でございます。S先生の末のお嬢様が十二才の時、突然神様からのメッセージを降ろされるようになり、部屋いっぱいに散らばっている文章、または絵をS先生が集めて出版されたもので、出版社名もなく、作者の名前も書かず一万二千冊を世の中に発表して下さいました。なぜ一万二千冊かと申しますと、ご先祖のお墓の費用として大切に積み立てていたお金では、そこまでしか印刷できなかったのでございます。

私はその一冊を、北海道の中心に位置し、開拓の頃より多くの人たちをお守り下さっています札幌神宮に持って出掛けました。札幌神宮の代表のお一人と思われる御方に大切な御本である旨お話をしまして受け取ってもらいました。

しっかりとお参りし、満足感とともに参道を国道に向かって歩き始めたのでございますが、参道の真ん中辺りに参りましたら、何と目の前に突然現れましたのが写真にも映っております真黒の色をした毛虫でございます。五センチか六センチ位あるその虫が、私の体の周りをまるでダンスをするように上下に何度も飛びはねるのでございます。まるで糸で吊るされているように……。しかし、その上で手をかざしてみましたが、糸はありませんでした。

十年ほど前になると思いますが、同じ様なことがS先生の虹の里で起こりました。私の経験としては、これが二度目か、いや三度目でございました。先生のおられるお庭の神殿で青虫（可愛い）が飛んでいた姿を思い出しました。慌てて虫さんに心から感謝を申し上げ、手を合わせたのでございます。その間、ずいぶんと永く感じましたが、前後合わせて五分位の間の出来事だったように思います。

さて、その黒い毛虫ですが、まもなく私の目の前から静かに上空へ小さく消えて行きました。ふと気がつきましたら、上空には太陽を中心とした大きな光輪が目に映ったのでございます。私は急ぎ先程の神宮の責任者の方を探しに戻りました。その方はその光輪を不思議な目で見つめておられました。神社にお勤めであっても、この日、この少女の御本と光輪との関係が、すべて神様の計らいであることをその方は感じられたかどうかはわかりませんが、私にとりましてはとても大切な心に残る一日でございました。

先生と共に　平成二十二年六月二十二日　羽田東急ホテル

この日S先生は名古屋からお車にておいで下さいました。大変お疲れの様子でございましたが、ホテルでの夕食を挟み新しい神官のＫＥＩＫＯさんとご一緒でございました。ＫＥＩＫＯさんの口からほとばしる神様のメッセージでございます。この日のメッセージはその後テープを消去してしまい、残念なことに原文でお伝えできませんが、平成二十二年六月二十二日に、羽田東急ホテルのS先生の部屋にお邪魔していた時に、以下のメッセージを戴きました。

一、宮古の最も古き水の龍神様のメッセージ

私は地球上で最も古き龍神でございます。大昔にこの大神様が（S先生のこと）ひとつの龍体をふたつに分けて下さり、私は女龍で南半球の海をお守りしております。一方、男龍は北半球を守り、いつも宮古島に戻ってまいります。龍は一瞬にして移動いたします。水は龍の生命体であり、その命を削って人間の幸せの為提供し続けてまいりましたが、人間はそれを利益に変えて地球を壊してしまいました。私どもが求めたのは利益でなくて利潤だったのです。ひとりひとりが幸せになって頂きたかったのです。

二、豊玉姫のメッセージ

私とあなたは、竜宮城の巫女でございます。私の名前は父から頂きました。豊かな玉をたくさんの人に与えなさいということで、そのような名前をいただきました。あなたは真の玉をたくさんの

人に与えることがお役目です。それであなたは真珠がお好きなのですよ（本当に私は真珠が大好きでたくさん集めています。この日も勾玉の形の真珠を胸に付けていましたから、先生が本当だねと声をかけて下さいました）。そして、豊玉姫様はこれだけ人の為にご苦労されている大神様を枯渇させている、それを見てはいられない苦しさを涙ながらに申されておりました。

三、ににぎのみこと様メッセージ

ににぎのみこと様の御言葉は幸いなことにテープが残っていましたので御言葉のまま発表いたします。

伏して御言葉をのべさせて頂く機会をいただき、有難うございます。あの時も既に申し上げましたが、生まれてこの方、母の愛によって育てられた記憶がなく、母親の乳房を与えられた思いもなく、ゆえに感謝を忘れておりました。しかし、大いなる父の愛というものは、本当に良いものにございました。

あれ以来、自分に足りなかったことを知るということが大事であることが解りました。

真理がわからない時は、ベラベラ口から言葉が出るが、真理が解ってしまえば、神の存在が解れば言葉は自ずと謹んで、憂いという言葉になり、黙って誰にも悟られることが無く……、法則が解れば、そなたの悩みは一度に解決できるのです。本当のことが解れば疑問すら持たなくなるのです。本当のことが解れば、一瞬にしてフィルターが変わるのです。

神を知ってしまうと何が間違っていたのかがはっきり解るのでございます。神というのは宗教ではないと言ってはいますが、組織になったら宗教になります。正にあなた様は神を求め、神をもっと知りたいとの気持ちがあるのですが、組織を作っている。組織とは、宗教の醜さとまったく同じですが、作ってしまったので仕方がないが、これから自分の使命に向かい粛々と進みなさい。枝葉の情報にとらわれず天上の道を、一本の道をまっすぐに進まれること……。失礼をいたしました。

海の龍神様　平成二十二年七月二十二日　宮古ホテル

仕事で宮古島に行っておりました時のことでございます。二日目の朝、ホテルでふと眼をさましました。するとカーテンの向こうに綺麗な虹がかかっております。直観的にカメラを手にしてベランダに飛び出しました。

伊良部島の真上に、空一杯にこの龍神様のお姿を見せていただきました。

四枚ほどしかシャッターは切れませんでしたが、この写真が撮れました。あっという間の出来事でございました。それはちょうど羽田東急ホテルから一カ月後のことでございます。

海の龍神様　平成二十二年七月二十二日　宮古島ホテル

浄化の神様赤龍様

平成二十二年十一月十九日　宮古島にて

私は生業として前述のようにお水を与えられ、宮古島へは月一度位の予定で入っているのですが、それはそのうちの三日間の最終日のことでございました。思ったより早めに仕事が終わりましたので、羽田行き最終便までの間に、神様にご挨拶して帰ろうと思ったのでございます。

朝から小雨が降ったり止んだりの日でした。その時は雨が降っていたのでございます。遠く海の方がほんの少し明るく見えましたので、そちらの方に車を走らせました。

二十分位走ったと思います。空が明るくなってまいりましたから、国道より細い道に入り車を止めました。すると、雨雲だった雲が急に明るくなり、綺麗な夕焼けの色に目の前で変化していったのでございます。思わず手

2010/11/19

2010.11.19

2010/11/19

2010.11.19

を合わせてお祈りを申し上げました。

気がつくとその夕焼けの中から、オレンジ色の龍神様がお姿を見せて下さいました。本当に悲しそうに見え、ヨレヨレの形の崩れたお顔をした赤龍さんでした。手を合わせ祈りました。約十五分の間の出来事です。

しかし、その後アッと言う間に先程の雨雲が次々と夕焼けを消していったのでございます。最後はピッタリ蓋を閉めた形の黒い雲から、雨がどんどんひどくなり、あわてて車に乗り飛行場へと向かいました。さっきのアッと言う間の出来事を思いだしますと、赤龍さんの胸の内を見せられたようで切なくなりました。

ふっと目の前のバスのナンバーを見ると１９でした。まさに神の数字である１９番のバスが私を先導して下さるのです。数字は１から始まり９で終わります。９はまさに神の数字です。しかもこの日は十一月十九日、十九番のバスが飛行場までの二十分間を先導してくれました。近頃、神様は数字をもって私にお知らせして下さるのです。この辺りから私は非常に数字が気になってきたように思います。S先生と中国へお供したことがありました。その折に「赤龍とは浄化の時、活動するのですよ」と教えて頂きましたので、この時のお知らせこそが、あの四カ月後に起こりました東北の大震災の前ぶれだったのだと思います。

日子山の神様　平成二十三年五月十六日

この光をご覧下さい。日子山の神様の合図でございます。

この日、私は一人で日子山に向かいました。私の生業として関わりのある御水はこの日子山の天忍穂耳尊様より御縁を頂き、二十年間私の人生の中の最も重要な期間を関わらせて頂いています。そのことで、ある覚悟をもって神様にお会いしたく、改めてその日を決定したのでございます。

福岡空港よりレンタカーを借り、出発いたしました。高速に乗りまして間もなくでございます。目の前の車のナンバーが321と飛び込んでまいりました。普段乗っている私の車のナンバーも321です。その前の車も同じナンバーで驚いていましたら、まもなく追い越し車線で追いついてきた車が、その前に割り込み、同じ数字のナンバーが二台並んで、目の前に同じナンバー四台の車が並んで先導して下さいました。このナンバーは私の愛車のナンバー321（ひふみ）と同じで、日本の神様の言葉の導きだと思っています。それは私にとってみれば、これこそ神様にお会いできる

と直感でき、心ウキウキしてくるのでございます。

私は霊感とか、見えないものが見えたり感じたりすることは一切ありません。最近、全て自分で感じて判断をしなくてはいけない時、神様は私に数字でお知らせして下さるようになりました。ですから、いつも目の前に出てくる数字にはとても敏感に反応します。

日子山は、ケーブルカーにて山頂まで行けますが、この日はとても良いお天気で、ケーブルカーの窓から遠くの山々を見ながら山頂までの景色を堪能いたしました。

山頂には立派なお宮がありました。しかし、S先生はいつも「神様はお宮にはいないよ」と言われて、必ず自然の中をお訪ねになります。私も最近は自然の中に神様を求めるようになり、鳥の声か、風の吹いている方向を探します。

水源はお宮の裏山にあり、その場所は知っておりましたので、その方向に歩いて行きました。その場所を過ぎて間もなく、鳥の声が急に賑やかになりました。すると良い天気でしたが、雷が次々と鳴りだしたのでございます。

上空の木々の間から太陽が覗いていましたので、この場所でよろしいのでしょうか、とお日様に伺うように空を見上げました。そしてカメラのシャッターを押しますと、この様な赤色のプリズムが写ったのでございます。

その場所から一段高い所へ上って、神様へのご挨拶をいたしました。とても清々しい日子山の一日でした。

帰る時、高速道路に入って間もなくでした。私の前の車が2138で、バックミラーに映っている後ろの車のナンバーが同じ数字で思わず苦笑しましたが、神様からの合図だと思い、「神様、分かりました。ありがとうございました」と申し上げました。

大雪山龍神様　鳳凰の姿にて　平成二十三年六月八日

この日私は日帰りの予定で旭川へ向かいました。何度も大雪山の神様へはお祈りに行っていますが、この日の私の心境は以前とは少し違いました。これまで何度も何度も大雪山の龍神様よりメッセージを戴いておりますが、最近になりましてから、再度、その時のテープを聞いてみますと、今

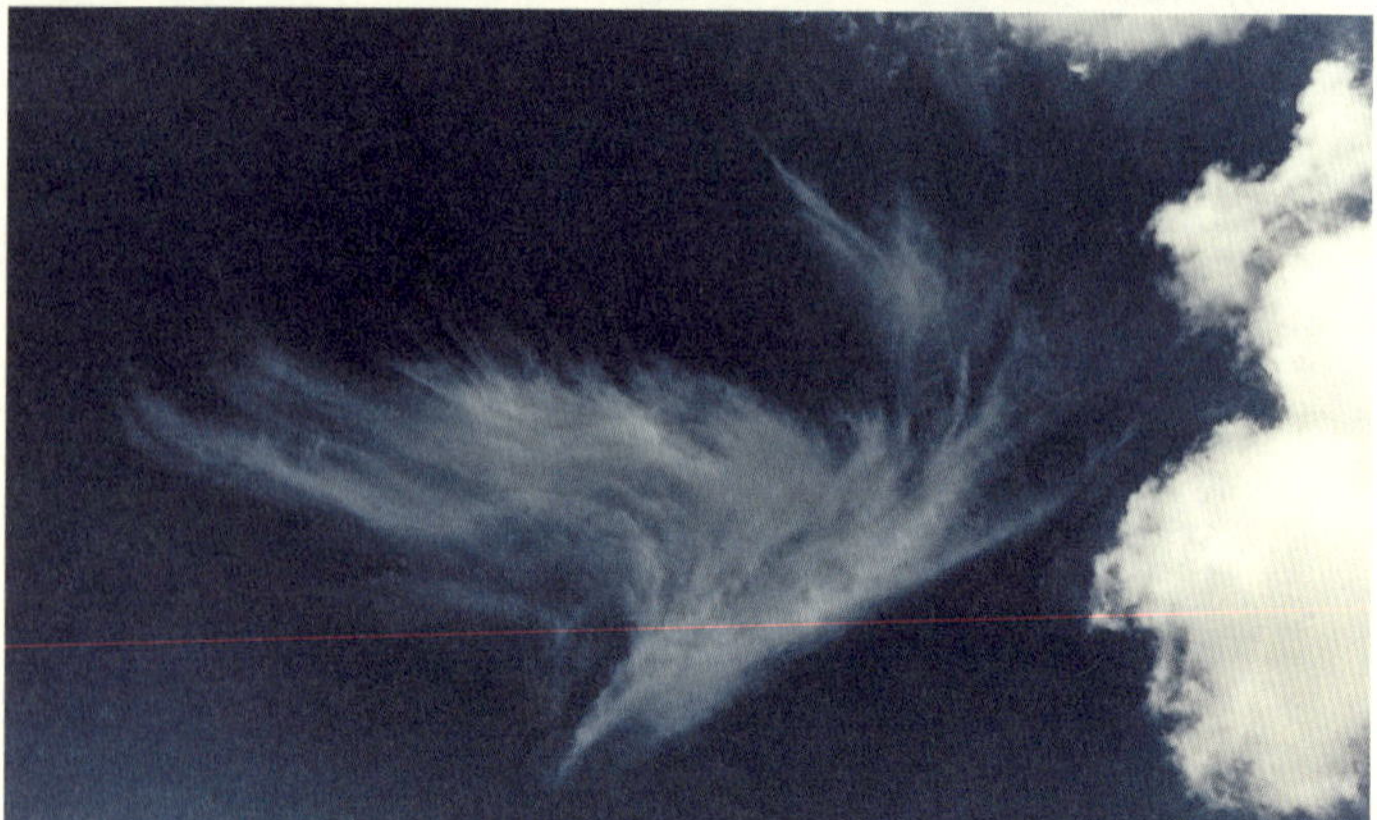

頃になって心に落ちるようになってきましたから、次元がこんなにもズレていたことにやっと気づいてきたのでございます。

急ぎ大雪山の龍神様に、改めてご挨拶をと思っておりましたので、しっかりと日取りを決めました。この日を選びましたのは、今までの大雪山ではないと覚悟を決めてのことです。

まだ残雪の残っている山道でしたが、姿見の池を目指して直線コースで、雪の上を渡って行きました。小鳥のさえずりについていきますと、大きな岩が二カ所あるところへ案内をしてくれました。

そこで、今までの長い間の無礼を改めて、しっかりとお許しいただき、心新たに、心こめてお祈りをいたしました。

どのくらいの時間でしたでしょう、祈りの全てをその岩の前でし終わった時でございます。真っ白い入道雲の合間から薄いベールのような雲が少しずつ姿を表し始めたのでございます。なんと見事な鳳凰の姿でしょう。ご覧下さい。

この鳳凰が御出現下さったことで、私は、今、ご挨拶申し上げ、お祈りいたしましたことに、大雪山の龍神様が、そうなんですよ、真っ直ぐに進みなさいよ、とお認め下さり、励まして下さった、と確信しました。その内容は全ては申し上げられませんが、大変なことが起こっている時に、私が何をすべきかお教えいただいた気持ちがし、身が引き締まる思いでした。

S先生からのメッセージ

一九九九年七月七日、ノストラダムスの予言の日、先生は、高天原という場所で大きな祈りをして下さり、その予言を逆転し、二十一世紀への地球をつなぐ為の大きな宇宙の光を下ろして下さいました。この地球から人類を消したくありません。地球も人類も残したいという思いが強かったのでございます。それから十二年も過ぎてもまだ、先生は、今に必ず人が変わるからと、ことあるたびに神々様に説得を続けて下さっていたのでございます。はじめ先生はこの世に生まれたのは人類と地球を助ける為と、それが先生の天からの天命と思われていらしたのだと思います。私は身近にご縁をいただきながらも全てに気づくことが遅く、こんな重大なことを見せていただきながらも心に落とすことができず今日まで来てしまいました。先生は常日頃、千枝子さんを含め周りの人が変わったら神は人類を助けるかもしれないよ……、

と身近な人の心の変化をたえず案じていらした様子です。私も含めてそれは一九九九年七月七日の日より一年一年、もう少ししたら変わるかもしれない……と本当の愛で、深い愛で待って下さったのでございます。この後ろ姿もそうでした。平成十七年一月二十八日、熊本から桜島への旅の最終日に多くの神々様が先生に浄化の火をスタート発信してほしいという想いで集まっておりました。翌朝、雨の中を涙ながらにもう少し待とう、人の心が変わるかもしれないからと神々様を説得して最後の最後まで待って下さったことを私は知っております。

その後も北海道の利尻島の旅でも神々様を説得なさり、今日まで来てしまいましたこと、ほんとうの深い深い愛をお持ちの先生ですので、その心境はいかに厳しく、おつらくありましたことか。

人の心が変わると地球は助かるのでございます。人間の体と同じで心の汚れが病気を起こすわけですから、精神と肉体はつながっていて病気は心の汚れが浄化されると良くなります。地球もそれと同じでございます。先生はそれを待って、待って、待って下さったのでございます。しかしギリギリのところまで来てしまいました。神々様もどんなにか苦しかったことでしょう。

しかしついに火ぶたは切られたのでございます。平成二十三年三月十一日をもってすべては始まりました。

地球の浄化が始まったのでございます。この年二月に先生は南アフリカに旅をされました。行くとき関西空港で少々時間を戴きました。南アフリカのある島にノアの箱船が用意されていてその島には地球上の最も古い植物が残っていると言われていました。その時先生が十三日間の旅の為に買った靴がなんと七八〇円という廉価のもの、靴を脱いで見せて下さいましたらメーカー名が「ハイスピード」とは、「急げ」ということでした。驚いたのでございます。皆様分かりましたか？　本当に急ぎ変わりませんと、私も含めてですが、種人として残されません。何年も前から私に警告を発し続けて下さっていた多くの神々様に申し訳なく思うのですが、いかんせん、どっぷりとぬるま湯に浸かり過ぎました。私も含めて日本人がどれくらい新しい地球に種人として残されますか、まだまだ浄化は進みます。と言いましても悲しんでばかりはいられません。本来の日本人は世界の民族の中で最も神に近い存在、大元の中心の大神様の想いを直接にいただいている民族です。その大元の神様の思いは日本人ひとりひとりの心の中心に届いているのだと思います。今回、この本が、そして写真が皆様の見えない世界への道しるべになれば幸いです。そして大和魂、大和なでしこ、男も女も全て日本の為に立ち上がりましょう。もう一度神と共に暮らせる日本国の為に。

ここに改めてS先生のメッセージを皆様にお届けします。

先生は次の五つの基本的な生き方の指針を説いておられます。

『聖なる教え』

一、身を清めましょう
体を清潔に保ちましょう。
酒、たばこ、その他の有害物、体に良くないものは、体内に入れずに、血をきれいに保ちましょう。

二、心を清めましょう
つねに正しい考えを持ち、正しい言葉を使い、心を清く保ちましょう。
いい音楽や絵、映像に触れ、こころを乱すものは避けましょう。

三、知恵を磨きましょう
知識を詰め込むのではなく、それが醸成されて出てくる知恵をこそ求めましょう。

それも人間の浅知恵ではなく、自然の深い知恵から学ぶのです。

四、徳を積みましょう
人に施す徳は自分のエネルギーとなります。
徳は運命を左右する大きな源です。
運を高めるのは陰徳。
求めることよりも与えることを心がけましょう。

五、道を求めましょう
自分は何の為に生まれてきたのでしょう?
この世で一番の幸せは、己の天命(神から与えられた本来の使命)を知り、それに則った人生を歩むことなのです。

『人生の極意「十法」』

S先生は、講演で常に「十法」を強調されます。「陽」である右手の指五本が、見える現象界における人の道であり、人に対する法に、「陰」である左手の指五本が、見えないものへの感謝の気持ち、すなわち神霊に対する法にそれぞれ相当するのです。

右手の指は親指から小指まで、それぞれ以下のような意味を持っています。

一、自立しましょう

まずは経済的のみならず、精神的にも一人前になり、人に迷惑をかけずに生きられるようになりましょう。

まずは人のスタート台にたちましょう。

ほとんどの人々は、自然や地球に大迷惑をかけていることにさえ気づきません。

目覚めて行動してはじめて自立が完成するのです。

二、結婚しましょう

他者との関わりの基本形。

最初の、二人と言う単位、陰陽和合の道を知り、男女の愛のコミュニケーションを学びましょう。

結婚しないと人生の半分はわからないのです。

夫婦間で協力できなければ、他の誰とできるのでしょうか。

喜怒哀楽を日夜分かち合いながら、お互いから学びます。

三、子育てしましょう

人を育てることで、まず生命の神秘を学び、ものを育てることを学びましょう。
人間は子どもに育てられるものです。
子どもを持たなければ、人生の三分の一はわからないものです。
子育てにより忍耐力を養えます。
結果的に自分のエゴが縮小します。
自分以外の人の為に生きることを学べます。
家庭こそ最高の修行の場であり、人生の原点です。

四、親孝行しましょう

子を持って初めてわかる親の恩。
人の親になって初めて自分の親への感謝が出てきます。
親を大切にすることは、人への感謝を知ることです。
親孝行こそ、感謝と次に学ぶ布施の心の礎なのです。

五、社会に恩返ししましょう

社会があって自分があります。

人の為に役立とうという心、おかげさまでという心を持ちましょう。
その感謝を世の中に還元しましょう。
人生は全てギブ・アンド・テイクです。
頂いた愛をボランティア活動や寄付によって倍返しすれば、世の中が愛で溢れます。

左手の親指から小指まで

一、ご先祖に感謝しましょう
今、生きていられるのは、先祖が命の環をつないでくれたおかげです。
肉体は先祖からしかもらえません。
血は地に通じる命の土台です。
お墓参りをし、先祖供養をしましょう。

二、仏様に感謝しましょう
日本や日本人は、常に神仏によって加護されてきました。
お寺に参り、仏様に手を合わせ感謝しましょう。
仏の心、法を学びましょう。

三、神様に感謝しましょう

身近なものから宇宙まで神格化する神道の教えは、深い奥行きを持つものです。

神社に参り、神様に手を合わせ感謝しましょう。

神の道を学びましょう。

寺だけ、神社だけでなく、どちらにも偏らず、両方バランスをとり、敬うことです。

四、地球に感謝しましょう

地上に生かされていることを当然と思っていませんか？

私たちの身体をはじめ、私たちが利用するもの全ては、地球からのプレゼントです。

地球は、宇宙において特別な役割を担った星でもあります。

海、川、山、森、動物たち、植物たち、母なる地球が提供してくれるすべてのものに感謝するのです。

そこに居住し、学べる私たちは、そのありがたさにほとんど気づいていません。

死んでからでは遅すぎます。

地球には、一日中感謝しても、し足りないほどなのです。

五、天に感謝しましょう

地球は宇宙のごく一部です。

空に太陽が、月が、星があり、私達はさらに大きな太陽系、銀河系、そして遠大なる宇宙の一部です。

多くのエネルギーをいただいています。

地球があるのも、そして私たち人間があるのも宇宙の、そして宇宙神のおかげです。

今や人間は宇宙まで汚しています。

大きな宇宙に連なる命に感謝しましょう。

そうして両手の十指を合わせてはじめて合掌することができます。

S先生は、そのどれが欠けていても片手落ちだとおっしゃいます。

(もちろん、カルマ的に子どもを授からない人もいるでしょうが、それは除きます)

墓参りもしないのに、森林を救おうと言うのはおかしいと。

自分の親をないがしろにしておいて、一所懸命ホームレスを救うものは片手落ちだと。

人も地球も、バランスが取れないゆえに、ひずみが起きてくるのです。

先生のおっしゃられていることは、すべて日本人の家庭の中に受け継がれていたことです。あってはいけない戦争という出来事によって見事にかき消されてしまいました。それはなぜか？　戦争に負けたとき相手国は、日本が他の民族には決してない自分で腹を切り、神の為に特攻隊で敵に向かって自決していく強い日本人を今一度蘇らせないよう、全てを消す為に計画したのでございます。完全なる日本つぶしの計画でございます。

①教育②食③水④文化

言ったらキリがありません、戦後見事に相手国の計略の通りになり、この現在の日本の有り様でございます。底までついてしまった日本国です。天の神様は一番大事なことを大切な日本に、しかも家庭という皆さんの身近なところに昔から伝えて下さっていたのでございます。

そのことを今一度、一人一人が気が付き、実行することだと思います。決して難しいことではありません。日本人にとっては当たり前のことでした。今一度、皆さんで実行に移しましょう。

あとがき

白地に赤い、あの誇り高い、雄々しく、清々しい日本国の御旗を大空高く翻らせるのも一人ひとり日本人として生まれてきた我々のなすべき責任だと思います。

いろいろな方々に御助けいただいて、ようやく皆様のお手元にメッセージを届けることができました。中でもご無理をおかけいたしました方々、特に神様からの縁をいただきましたミュージシャンの古代真琴様、構成などお手伝いいただきました伊吹龍彦さん、最後の最後に急遽お願いに上がり無理な表紙の題を快くお受け下さいました熊本南阿蘇の風の丘美術館の大野勝彦先生ありがとうございました。

そしてあの北国の出会いから五十年もの長きにわたり主婦としての努めも果たせずわがまま放題の私をじっと我慢して家族の為にまじめに生きてきてくれました主人に、重ねて御礼を申し上げなければいけません。

あなたのおかげで今の私がありますことを深く深く感謝を申し上げます。

そして家族全員の手助けがないとできない本でした。子供にも孫達にも随分淋しい思いをさせたように思います。みんなありがとう、心からありがとうとお礼を言います。

最後にS先生、豊玉姫様、そしておおくの神々様ありがたくありがたく感謝を申し上げます。

二〇一二年七月吉日

横浜自宅にて　　吉内千枝子

種人《たねびと》

どんでん返《がえ》しを前《まえ》にして

吉《よし》内《うち》千《ち》枝《え》子《こ》

明窓出版

平成二四年七月二十日初刷発行
発行者 —— 増本　利博
発行所 —— 明窓出版株式会社
〒一六四—〇〇一二
東京都中野区本町六—二七—一三
電話　（〇三）三三八〇—八三〇三
ＦＡＸ　（〇三）三三八〇—六四二四
振替　〇〇一六〇—一—一九二七六六
印刷所 —— シナノ印刷株式会社
落丁・乱丁はお取り替えいたします。
定価はカバーに表示してあります。

ISBN978-4-89634-311-3
ホームページ http://meisou.com

光のラブソング

メアリー・スパローダンサー著／藤田なほみ訳

現実《ここ》と夢《向こう》はすでに別世界ではない。

インディアンや「存在」との奇跡的遭遇、そして、9.11事件にも関わるアセンションへのカギとは？


疑い深い人であれば、「この人はウソを書いている」と思うかもしれません。フィクション、もしくは幻覚を文章にしたと考えるのが一般的なのかもしれませんが、この本は著者にとってはまぎれもない真実を書いているようだ、と思いました。

人にはそれぞれ違った学びがあるので、著者と同じような神秘体験ができる人はそうはいないかと思います。その体験は冒険のようであり、サスペンスのようであり、ファンタジーのようでもあり、読む人をグイグイと引き込んでくれます。特に気に入った個所は、宇宙には、愛と美と慈悲があるだけ、と著者が言っている部分や、著者が本来の「祈り」の境地に入ったときの感覚などです。(にんげんクラブHP書評より抜粋)

●もしあなたが自分の現実に対する認識にちょっとばかり揺さぶりをかけ、新しく美しい可能性に心を開く準備ができているなら、本書がまさにそうしてくれるだろう！
(キャリア・ミリタリー・レビューアー)
●「ラブ・ソング」はそのパワーと詩のような語り口、地球とその生きとし生けるもの全てを癒すための青写真で読者を驚かせるでしょう。生命、愛、そして精神的理解に興味がある人にとって、これは是非読むべき本です。(ルイーズ・ライト：教育学博士、ニューエイジ・ジャーナルの元編集主幹)

定価2310円

イルカとETと天使たち

ティモシー・ワイリー著／鈴木美保子訳

「奇跡のコンタクト」の全記録。
未知なるものとの遭遇により得られた、数々の啓示《アドバイス》、
ベスト・アンサーがここに。

「とても古い宇宙の中の、とても新しい星—地球—。
大宇宙で孤立し、隔離されてきたこの長く暗い時代は今、
終焉を迎えようとしている。
より精妙な次元において起こっている和解が、
今僕らのところへも浸透してきているようだ」

◎ スピリチュアルな世界が身近に迫り、これからの生き方が見えてくる一冊。

本書の展開で明らかになるように、イルカの知性への探求は、また別の道をも開くことになった。その全てが、知恵の後ろ盾と心のはたらきのもとにある。また、より高次における、魂の合一性（ワンネス）を示してくれている。
まずは、明らかな核爆弾の威力から、また大きく広がっている生態系への懸念から、僕らはやっとグローバルな意識を持つようになり、そしてそれは結局、僕らみんなの問題なのだと実感している。

「大きな森のおばあちゃん」 天外伺朗

絵・柴崎るり子

象は死んでからも森を育てる。
生き物の命は、動物も植物も全部が
ぐるぐる回っている。
実話をもとにかかれた童話です。

定価1050円

「地球交響曲ガイアシンフォニー」
龍村　仁監督 推薦

このお話は、象の神秘を童話という形で表したお話です。私達人類の知性は、自然の成り立ちを科学的に理解して、自分達が生きやすいように変えてゆこうとする知性です。これに対して象や鯨の「知性」は自然界の動きを私達より、はるかに繊細にきめ細かく理解して、それに合せて生きようとする、いわば受身の「知性」です。知性に依って自然界を、自分達だけに都合のよいように変えて来た私達は今、地球の大きな生命を傷つけています。今こそ象や鯨達の「知性」から学ぶことがたくさんあるような気がするのです。

「花子！アフリカに帰っておいで」

「大きな森のおばあちゃん」続編　天外伺朗　絵・柴崎るり子

山元加津子さん推薦

今、天外さんが書かれた新しい本、「花子！アフリカに帰っておいで」を読ませて頂いて、感激をあらたにしています。私たち人間みんなが、宇宙の中にあるこんなにも美しい地球の中に、動物たちと一緒に生きていて、たくさんの愛にいだかれて生きているのだと実感できたからです。

定価1050円